保護者の心をつかむ

保育コミュニケーション力《りょく》

西東桂子

はじめに

幼稚園、保育園、認定こども園、その他の託児施設――。その主役はもちろん「子ども」ですね。本書を手に取ってくださった皆さんはおそらく、子どもが大好きで保育者になった方々でしょう。でも今、「憧れの保育者になれたけど、保護者との関わりがこんなにも多くて大変だったなんて！」…そんなふうに感じている方が少なからずいらっしゃるはずです。保育に関しては専門教育を受けてきていても、保護者との接し方について学ぶ機会はそれほどなかったのではないでしょうか？

皆さんにとって、保護者とはどういう存在でしょう？　自分の保育を見張っている人？　口うるさく、さまざまなことを注文してくる人？　そんなふうに受け止めると、保護者とは距離を置きたくなってしまいますね。でも、あなたがそう思っていると、相手にその気持ちが伝わります。その結果、保護者に「この先生、なんとなく話しにくいなぁ」という印象をもたれてしまい、ますます距離が離れていきます。

保護者同士なら、浅い関係のままでも、大人の常識として「こんにちは」の挨拶さえ怠らなければ不都合はありません。でも、保護者と保育者の関係ではそういうわけにはいきませんね。なぜなら、乳幼児期の子どもの育ちには、家庭と園の協力があるかないかが大きく影響するからです。そして、保育者が保護者から信頼されていると、それが必ずや子どものより健やかな育ちにつながっていくからです。

幼稚園、保育園は保育の場であるだけではなく、子育て支援機関でもありますから、保育者という仕事を選んだあなたにとって、保護者との関わりは避けては通れない道です。苦手なタイプの保護者であっても、それを表に出さず、どの保護者とも同じようにお付き合いしていかなければなりません。

避けられないのであれば、どうすれば重荷に感じないで保護者と接することができるようになるかを探っていくほうが前向きだと思いませんか？　逆に、「重荷と感じたことなんてない」方なら、どうすれば今よりもっと保護者から信頼されるかを一緒に考えてみませんか？

保育者向けの研修会で「お母さんたちはこんなとき、こんなふうに感じていますよ」とお話しすると、「初めて聞いた」という反応があります。一方、保護者向けの講演の質疑応答で「おそらくこういうことだと思います。担任の先生に聞いてみると、もっとよくわかりますよ」とお答えすると、「先生にこんなことを質問してもいいのですか？」という声が挙がります。保育者と保護者の間の風通しは必ずしもよいとは言えないかもしれませんが、風を通すきっかけは、保育者の側からつくってほしいというのが私の願いです。

それにはまず、相手を知らなくては！

よい関係を築きたいと思ったら、相手がどういう人なのかを知ることが先決です。さあ、今どきの保護者は何を考え、何を求めているのかを知ることから始めてみましょう。今どきの保護者がどういう世代なのか、子ども・子育てにどんな気持ちを抱いているのか、保育者に何を望み、何を嫌うのか――。それらを知って一つひとつ適切な対応をしていくと、いつの間にかあなたは保護者から信頼される保育者になっているはずです。保護者と信頼関係を築けてこそ、よい保育が実現します。本書が、その一助となればとても嬉しく思います。

西東 桂子

目次

3 一人ひとりの保護者の気持ちに配慮

4 よい〈おたより〉で得られる保護者の信頼

5 園からの〈おたより〉だから必要なこと

6 保育のプロであるあなたへ

1

今どきの保護者って、どんな人たち？

今どきの保護者はどんな世代?

子どもが一人ひとり違うように、保護者もまた一人ひとり違います。それでも、園長やベテランの保育者が「以前の保護者はこうだったけれど、10年くらい前から変わってきた。最近はまた少し変わったような気がする」などと話すのを聞いたことはありませんか?

そうなのです。一人ひとりは違っても、世代として全体を見たとき、同じ社会環境で育ってきたという共通点がありますから、そこに世代的な傾向を見て取ることができます。言ってみれば、保護者世代の〝成育歴〟のようなものです。皆さんが子どもの成育歴を知って保育に役立てることがあるように、保護者世代の成育歴を知っておくと、今の保護者の考え方、行動の仕方のモトとなっているものが何なのかを理解する助けになります。

（図1）在園児の母親の年齢

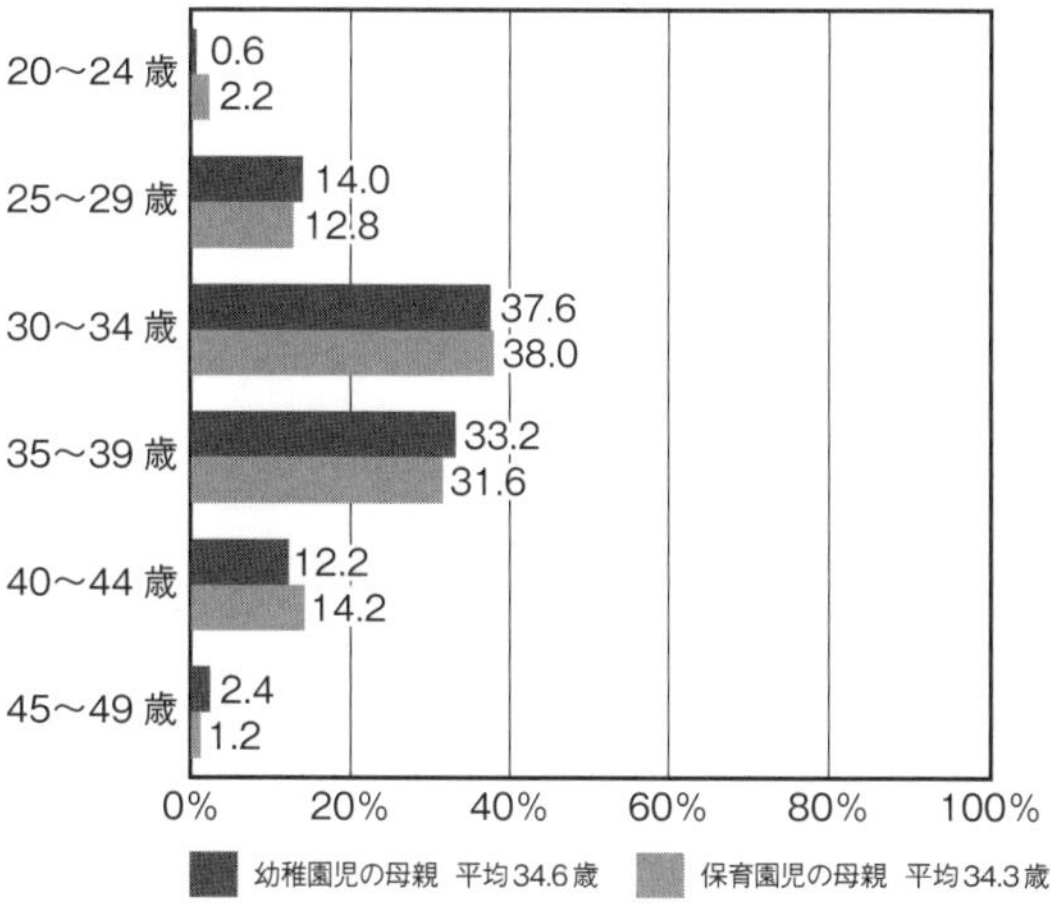

〈出典：『園児とママのデータ』vol.13　サンケイリビング新聞社あんふぁん事業部　2015.12〉

30代が7割を占める

少し統計的な話になりますが、まずは今どきの保護者（お母さん）の年齢分布を見てみましょう。ここに、2015年5月の調査結果があります（図1）。全国の〝幼稚園児とママの情報誌『あんふぁん』〟の読者500人、〝働くママと園児の情報誌『あんふぁんぷらす』〟の読者500人に年齢を尋ねたものです。幼稚園児のお母さんの平均年齢は34・6歳、保育園児のお母さんの平均年齢は34・3歳で、ほと

んど変わりませんでした。この１０００人の中には20代で第一子を通わせるお母さんもいれば、40代で第一子を通わせるお母さんもいますし、40代で第三子、第四子のお母さんもいます。晩産化が進んだこともあって20代から40代まで幅広く分布していますが、図１を見ても明らかなように、ほとんどが25歳（１９９０年生まれ）〜44歳（１９７１年生まれ）の中におさまり、見事に１９７０年代、８０年代の生まれであることがわかります。さらにその中心は30代で、全体の７割を占めます。すなわち、この「７０年代後半〜８０年代前半の生まれ」の人たちを「今どきの保護者」と言ってよいと思います。

30代の保護者を形づくった五つの経験

それでは、この中心世代の30代のお母さんたちはどういう社会環境の下で成長してきたのでしょうか。

17ページの図2は、その時代の主だった出来事や、マスコミがそのときどきにネーミングした世代名などを書き込んで作ったものです。それらの中から、今の30代のお母さんたちを形づくったと思われる五つの重要ポイントを、私なりに選び出しました。この五つの経験を通して、お母さんたちの中に共通の下地ができたと考えられます。さらに、その下地によって、親になってからも共通する傾向があると分析しました。

いかがでしょう、あなたのクラスの保護者たちに次のような傾向を実感することはないでしょうか？

①高校時代に、大学入試センター試験が存在した

前身の共通一次試験（大学共通第一次学力試験）がスタートしたのは1979年で、その一期生は1960年生まれ。今どきの保護者が高校3年生のときには、1990年にスタートしたセンター試験（大学入学者選抜大学入試セン

ター試験）に替わっていました。共通一次試験は、国公立大学が入学志望者の学力を測るものでしたが、センター試験には私立大学も参加し、この入試制度が完全に定着した時期でした。高卒で就職するなどしてセンター試験を受けなかった人もいますが、受験したかどうかにかかわらず、高校時代には「偏差値」というモノサシが日常的に存在し、数値で順位が付けられ、周りはみなライバルでした。

センター試験世代に言えるのは、成績の数値化の弊害で友達づくりが下手なことと、成績以外でも、自分が全体のどのあたりに位置しているかをとても意識してしまうことです。

【親になると…】←

自分が友達づくりが下手なので、子どもの友達づくりが気になります。園でお友達と楽しく過ごしているようなら安心し、子どもの口からお友達の名前が出なかったり、一緒に遊んでもらえていないと感じたりすると、非常に心配し

(図 2) 今どきの保護者が育ってきた時代背景

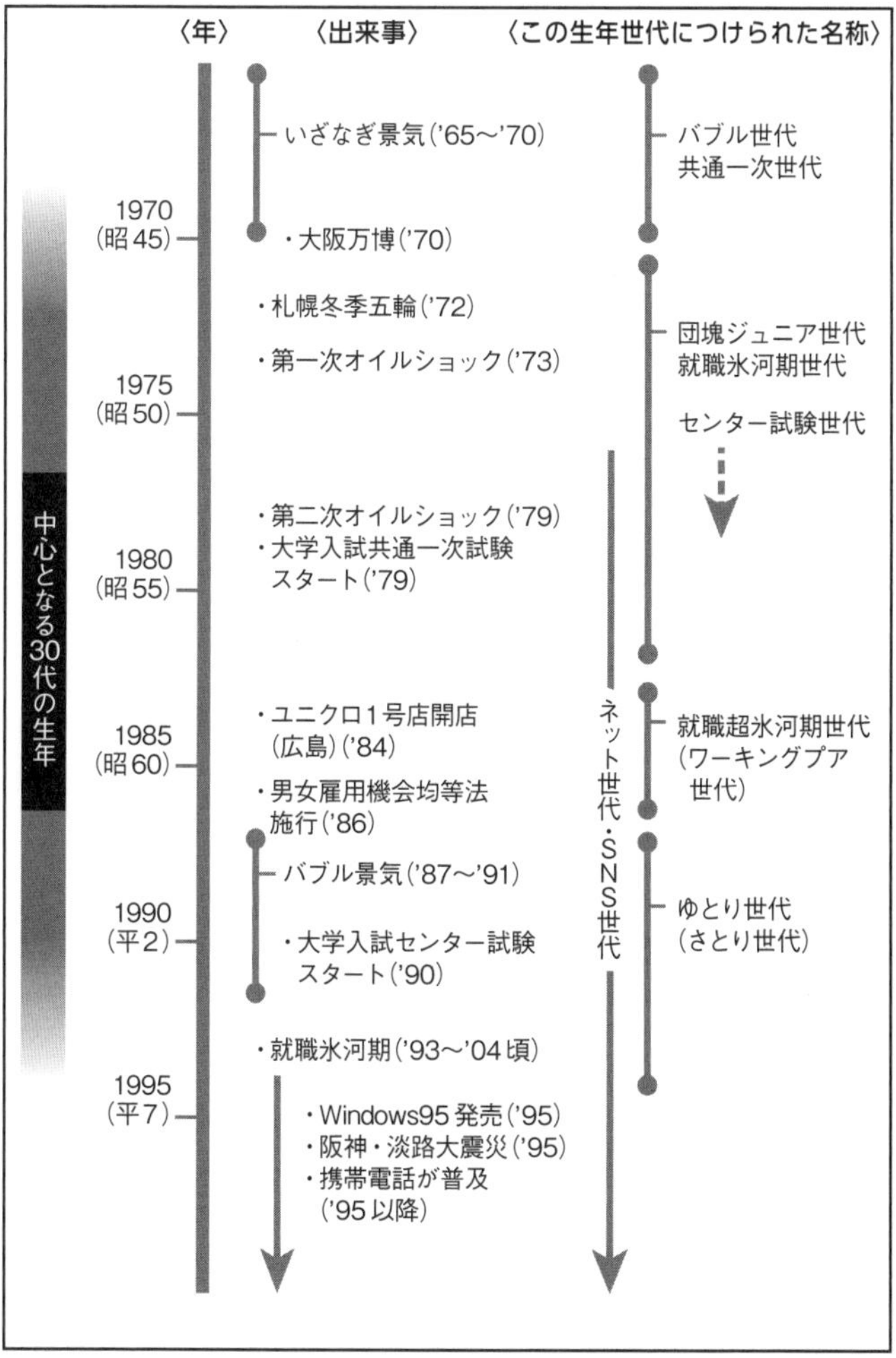

ます。また、どんなことでも、子どもの発達が平均より早いことを期待します（たとえば、お座り、発語、歩行、読み書きの習得、自転車の補助輪を外すことなど）。ママ友関係では、世帯収入や最終学歴など、似たようなレベルの人同士でグループをつくりがちです。

②男女雇用機会均等法の成立以降に就職した

雇均法は１９８６年に施行され、９７年に改正法ができました。男女共同参画社会基本法ができたのは９９年です。学校教育でも男女平等が徹底され、この世代には男女平等意識が刷りこまれています。

【親になると…】←

男女平等意識をもつ者同士の友達夫婦が増えました。友達夫婦が、友達親子を生み出します。子どもに自分を名前で呼ばせたり、幼稚園を選ぶ際、「子どもがこの園がいいと言ったから」という入園理由を挙げるほど、子どもを対等

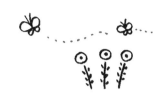

に扱う人が増えました。子どもを尊重するあまり、わが子の言うことを頭から信じ、ほかの親子とトラブルを起こすこともあります。

③現実は就職氷河期、男女格差あり

男女平等の法の下で就職するはずでしたが、1993年頃から2004年頃までは就職氷河期、超氷河期と言われ、とりわけ女性にとっては希望どおりの就職が果たせなかった時期です。これは、今どきの保護者世代の就職時期とばっちり重なります。長引く平成不況下に社会人となった当時、色味を抑えたメイクや、廉価なファストファッションが流行しました。

【親になると…】←

努力しても報われないこともある、という実体験から、この世代は現実派が多く、その上のバブル世代に比べて堅実で地味、夢も等身大であることが多数派です。ブランド志向もほとんどありません。そのぶん、手作りなどを通した

自分らしさや、自分の価値観を大事にする傾向があり、「あの人とは価値観が違う」という表現をよく使います。仕事で自己実現が叶わなかった人の中には「専業主婦もいいな」と家庭生活での自己実現を考える人もいて、この世代の幼稚園児のお母さんは、上の世代に比べて充足度が高いようです。他方、就職氷河期でも希望に近い就職を果たした人たちはバリバリとキャリアウーマン路線を進み、中には自分の生活リズムを優先し、子どもの生活を自分の生活のほうに合わせてしまう人もいます。

④1995年にWindows95が発売され、パソコンがいつも身近にあった（発売当時、小学生～大学生）

そのため、この世代以降はネット（インターネット）世代、SNS（ソーシャル・ネットワーキング・サービス）世代とも呼ばれます。パソコンでなんでも検索できるし、自分でブログを書いたりしたので、情報はあって当然という意識をもっています。ウェブサイトを見慣れているため、「見やすさ、読みやすさ」という観点からビジュアルにうるさい世代です。

【親になると…】←

メールや検索などなんでもバーチャル空間で事足りてしまうため、生身の交流がやや苦手です。特に一対一の対話が苦手という人が増えています。子どもの担任に気軽に声をかけられない、個人面談が重荷という声がよく聞かれます。この世代より下の今の20代は、生身の交流にさらに強い苦手意識をもっており、「コミュ障（コミュニケーション障害）」と自称する人も出てきました。

園に対しては、「情報をもっとタイミングよく豊富に出してくれたらいいのに」と思っています。しかし文字だけの〈おたより〉は苦手で、イラストや余白がないとそもそも読む気になりません。じっくり読まないので、園からの連絡が十分に届かないことがあります。

⑤1995年以降、携帯電話が急速に普及した（普及当時、小学生〜大学生）

学生時代から携帯電話をもち、情報伝達が高速になりました。近年はスマホ（スマートフォン）が普及し、現在では園児のお母さんの84・7％が所有しています（前述の『あんふぁん』『あんふぁんぷらす』の2015年5月調査）。スマホの普及に伴い、ますますSNS（LINE、フェイスブック、ツイッターなど）を利用する人が増えました。

【親になると…】←

園や担任のうわさ話も、以前は立ち話だったものがメールやLINEで配信されるようになり、あっという間に多数に知れ渡るという状況になってきました。仲間とつながっているという安心感がある一方、メールが回ってこない、LINEに入れてもらえないと悩む人がいて、保護者同士も子ども同士についても、仲間はずれの気配に非常に敏感になっています。また、最近ではSNSのインスタグラムを愛用する人が増え、旅行中の写真、レストランの写真、購入した品物の写真を気軽にアップするようになったため、「あの家庭は生活が派手」といったうわさもすぐに広まります。

さて、今どきの保護者が育ってきた時代背景がおわかりいただけたでしょうか。これらはあくまで傾向であり、すべての保護者に当てはまるというわけではありませんが、こうした全体としての世代傾向を踏まえておくと、取るべき対応の方向性が見えやすくなります。

保護者が担任に望むことは

では、今どきの保護者はどんなことを望んでいるのでしょうか？

園に講演などで招かれた際、終わってから役員ママさんたちとお食事やお茶をご一緒することがあり、そんなとき、「担任の先生に望むことは何ですか」と尋ねてみることにしています。たいていは園長も同席していますが、数で勝るので保護者の皆さんはけっこう率直に発言してくれます。それらの回答をまとめると、次の五つになります。

五つの望み

A　お友達と仲良くさせてほしい

B　うちの子をよく見てほしい
C　たくさん遊ばせてほしい（特に外遊び）
D　子育ては楽しいけれど大変でもあるということに共感してほしい
E　子育ての悩みを聞いてほしい（でも相談しにくい）

Aは、〝友達づくりが下手〟という世代的傾向の①や、〝仲間はずれに敏感〟という⑤につながっていますね。Dは、③の〝男女平等とはいえ子育ての負担が母親により多くかかっているという思い〟に関連していて、少しやりきれなさを感じているのかもしれません。だからこそ、「よくやっている」と褒めてもらいたいのかも。Eは、④の〝生身の交流が苦手〟ということからきているのでしょう。これらの希望にどのように対応していくとよいかについては、次の章で具体例を挙げながらアドバイスします。

Bの「うちの子をよく見てほしい」は、いつの時代の保護者も願うことで

す。「息子のズボンに泥がついているのはなぜ？　誰かに突き飛ばされたのでは」「娘の髪留めがなくなった。どうして気づかないのか」などと細かいことを言ってくる保護者は親バカに思えてしまうかもしれませんが、自分の子どもは誰よりも大切と思っている保護者にしてみれば、当然の気持ち。あなたが内心「この人、なんて親バカなんだろう！」と思っていると、知らず知らずのうちに言葉や態度に出て、保護者に伝わってしまいます。保護者は「親の気持ちがわかっていないなあ、独身だから仕方がないのかな」などと冷めた目であなたを見るようになるかもしれません。親バカになれる親は素晴らしいと私は思います。だって、心から子どもを愛していることの証拠ですから。多少度が過ぎていたとしても、子どもを虐待する親に比べたら百倍マシです。親ってそういうものなんだと、親バカに共感してあげてください。

AとBの、「うちの子によく目配りして、お友達づくりにも手を貸してほしい」と願う保護者に対して、「担任としての目配り」を表現する方法の一つとして使えるのが、〈クラスだより〉です。これについては、第5章で詳しく解説します。

Cの「たくさん遊ばせてほしい」は、公園での外遊びなどが必ずしも安全とは言えなくなった今の時代を映している回答ですね。この回答には「安全に、たくさん遊ばせてほしい」という安全への希望が隠されているということも覚えておいてください。事故のない環境づくりができていることは、保護者にとっては大前提なのです。

保護者は担任の何をチェックしているか

さて、こうした願いをもっている保護者たちですが、日常の園生活の中で、「いい先生が担任になってくれた」「今年の担任はちょっと…」と感じる基準がどこにあるか、ご存じでしょうか。

保護者は普段から、大きく二つの視点で担任を見ています。そこに違和感を覚えると、「むむっ、この担任は…」と思ってしまうのです。それは、

①純粋に子どもが好きか

②保育者としての資質があるか

この2点です。①の「子どもが好きかどうか」を保護者が何で判断するかというと、担任の笑顔の量と、言葉かけの中身です。子どもたちと遊んでいるとき、笑顔が多いかどうか、表情が豊かかどうか、子どもの話に耳を傾けているかどうか、子どもを叱るときの言葉であっても、そこに愛情があるかどうか。「ダメッ、やめなさいっ」「なんでそんなことをするのっ」などのきつい物言いは、保育者にはしてほしくないと思っています。「だって、プロでしょう?」というのが保護者の言い分です。親なら気分にまかせて言ってしまうことも、保育のプロが同じように言っていたのでは「なんで預けているのかわからない」という気持ちになるからです。

②の「保育者としての資質」とは何を指しているかというと、

・明るく元気か
・一生懸命か
・身だしなみが整っているか
・言葉づかいがきれいか
・子どもに対して公平か

などが挙げられます。言い換えれば、「明るく元気で、一生懸命に子どもと関わってくれる担任がいい」「エプロンのすそがほつれたままだったり、上履きが薄汚れているような担任であってほしくない」「子どもの手本となるようなきれいな言葉づかいで接し、どの子にも公平な担任であってほしい」と願っているということです。

そして、子どもに対してだけでなく保育者同士の会話での言葉づかいや、通勤時の服装（私服）もチェックしています。複数担任の場合は特に、担任同士

の会話を保護者に聞かれる機会が増えますが、先輩保育者のややきつめな物言いの指示に対して、若い保育者が明るく「はい、わかりました」と返事をしているのを聞いたら、素直でいい先生だなと思ってくれます。しかし、そこにぎくしゃくした雰囲気を感じたら、担任双方に不信感を抱きます。

こうして書き出すと、皆さんの中には「どれも表面上のことばかり。保育の中身じゃないんだ」とがっかりした方もいるかもしれません。でも、考えてみてください。保護者は保育のプロではないのですから、保育の中身の差は、最初はわからないのです。保護者が「この先生、いい保育をしてくれているな」と保育の質の高さを実感するのは、一つの行事が終わったときや、年度の終わりや、卒園するときに、わが子の成長を認めたときでしょう。ですから、最初は保育者を〝見た目〟で判断するしかありません。とりわけ新入園児の保護者や、担任が替わった年度初めなどは、「この先生で本当に大丈夫？」と、担任の言動をしっかりチェックしていますよ。

〝見た目〟を侮ってはいけない

〝見た目〟をバカにしてはいけません。園を訪ねることの多い私ですが、〝見た目〟が園の印象を左右することだってあります。その園の関係者に連れられて保育室にお邪魔したとき、保育者が元気に「こんにちは」と挨拶してくれる園と、まったく挨拶されない園とでは、前者のほうがよい保育をしているように感じてしまいます。廊下ですれ違うどの保育者も「こんにちは」と明るく挨拶してくれる園は、無言で会釈するだけの保育者が多い園に比べて、ハツラツとしているという印象をもちます。クッキング保育を取材させていただいたとき、子どもたちはみな三角巾とエプロンをつけているのに、保育者だけがロングヘアを振り乱して走り回っているのを見て、どうして髪ゴムで結ばないのかなと身だしなみが気になったこともあります。

保育者は、保護者から〝見られて〟います。保育の質で勝負だと考える前に、まずは〝見た目〟から保護者の信頼を勝ち取りましょう。保育経験が浅くとも、〝見た目〟を意識することは今すぐ始められますね。こうした〝見た目〟を意識することは、実は保育の質を意識することの第一段階なのです。周りの優れた先輩保育者を見ると、こうした信頼できる〝見た目〟が、経験を通してにじみ出ていませんか？　あなたはちょっと近道をして、形から入ってもいいのですよ。形から入って、それに見合った中身がいつの間にか身についているということもあります。そういう意味では、「保護者の視線はよい保育者を育てる」と言うことができそうです。保護者から〝見た目〟の信頼を勝ち取ることができたら、保育の質への信頼はすぐそこにあります。

次の章では、〝見た目〟の次の段階に進みます。具体的に、こういう場面でこういう対応をすると保護者に信頼される、という例を紹介していきましょう。

2

保護者に信頼される対応とは

記憶力のよい先生よりメモする先生が評価される

前の章で「保護者は保育者の笑顔（表情）、態度、言葉づかい、身だしなみをチェックしている」と書きました。これらに気を配ることが、信頼される保育者への道の第一歩です。新人の保育者であれば、いつも気にかけておくのはけっこう骨が折れることかもしれません。でも、そのほかにもう一つ、簡単なことなのに信頼度を絶大にアップさせるアイテムがあるのです。

それは、メモ帳です。

ポケットにメモとペンを

たとえば、こんなシーンを思い浮かべてください。登園時、クラスの保護者

Aさんからこう言われました。

「先生、今日は午後から実家のおばあちゃんのお見舞いに行きますので、申し訳ありませんが早退させていただきます。12時半にお迎えに来ますので、よろしくお願いいたします」。

ほとんどの保育者は、「12時半にお迎えですね。承知しました」と、復唱して確認するはずです。もちろん、これで十分なのですが、そのときにポケットからさっとメモ帳を取り出し、メモしながら「12時半にお迎えですね。昼食は食べてからということでよろしいですね。承知しました」と対応すると、印象がかなり変わります。あなたに対する評価は必ずや大幅にアップします。「間違いのないようにきちんとメモして対応してくれる先生」と保護者に認識されるのです。

「えーっ、でも私、メモはしないけどこれまでに伝言を忘れたことなんて一度もない」と思った方もいらっしゃるでしょう。そんな堅実なあなたのことを保護者はきっと見ていますから、ポケットからメモ帳を取り出さなくても評価がマイナスになることは決してありません。しかし、とりたててプラスにもならないのです。なぜなら、伝言を忘れないということは基本中の基本で、当たり前のことなのですから。

間違いのないようにと考える先生が好かれる

保護者の話が以下のようなときはどうでしょう。

「先生、今日は午後から実家のおばあちゃんのお見舞いに行きますので、申し訳ありませんが早退させていただきます。12時半にお迎えに来ますので、よろしくお願いいたします。明日と月曜日はお休みします。それから、上の子の担任のB先生が見当たらないので、このことを伝言しておいていただけますでしょうか」

あなたが非常に記憶力のよい方であっても、保護者は「メモしてくれる先生」を信頼します。間違いのないようにと考える先生が好きなのです。「この先生、ちゃんとB先生に伝えてくれるかしら。月曜日の欠席も覚えていてくれるかしら」という心配が、あなたがポケットから取り出すメモ帳一つで解消されるということを覚えておきましょう。もちろん、B先生にメモを見ながら正確に伝えることもお忘れなく。

この「メモする」習慣は、このあと紹介するようにさまざまな場面で生きてきます。

子どものケガ、傷に敏感であれ

登園時、園庭であってもバス停であっても、親子に「おはようございます」と笑顔で挨拶して子どもを受け入れていらっしゃることでしょう。降園時には「元気に過ごしました」と報告して子どもを保護者に手渡し、今日も何事もなく終わったとほっとしますよね。でもその登降園時、保護者が帰ってしまう前に、子どもの体に傷がないか、ちゃんとチェックをしたでしょうか。

保護者の願いは、園で子どもが「楽しく」「無事に」過ごすことです。どちらか一つ、ということになれば「無事に」が優先します。ですから、先生から特に何も言われなかったのに、帰宅してからわが子に傷があることを発見すると、頭に血が上ります。

このとき知っておいてほしいのは、「子どもが園でケガをした」ことに怒っているのではなくて、「先生が子どものケガに気づいていないから何も言われなかった」ことに怒っているということです。保護者にとってはわが子が一番大事ですから、先生はわが子に気を配ってくれなかったんだという事実にショックを受けるのです。

朝、傷や絆創膏を発見したら尋ねる

登園時、子どもの体に傷があったり絆創膏を貼っていたり、たんこぶがあったりしたら、すかさず「これはどうされました？」と保護者に確認しましょう。言い換えれば、「これはおうちでの傷ですね」と双方で確認するということです。

保護者の中にはのんきで家庭での傷に気づいていなかったりする人もいますが、こういう保護者が降園後に気づいたときにも「まあいいか、この傷はきっとうちでつくったんだわ」と思ってくれるとは限りません。

「今朝、机の角に頭をぶつけてたんこぶができました」と保護者に言われたら、「そうでしたか、今日は運動帽をかぶるときに痛くないか気をつけるようにしますね」と答えれば、気の回る先生だと感謝されます。

「出先で転んで擦り傷をつくってしまい、絆創膏を貼ってます」と言われたら、「今日はプールの日ですが、入ってもかまいませんか？」と確認すると、「あ、うっかりしてました。今日だけ休ませてください」という返事があるかもしれません。

朝、子どもの体を確認することは、こうした当日の保育にも関係してきますから、とても大切なことです。それだけでなく、うちの担任は子どもの体にいつも気を配ってくれていると認識してもらえると、保護者のほうから「歯が抜けそうでぐらぐらしています。食事のときにいつもより手間取るかもしれませんが、よろしく」とか、「服の下で見えませんが、おしりにおできができていて、お山座り（三角座り）を嫌がるかもしれません」などと、配慮が必要な情報を出してくれることもあります。

園でのケガ、傷にはコメントが必要

同様に、降園時にも子どもの体をチェックしましょう。園内でケガをしたり傷をつくったりした場合は、適切に処置して、そのことを保護者に伝え、お詫びをして理解を求めなければなりません。知らされないと、保護者はあなたにも園にも不信感を抱きます。医者にかかるほどではない軽度のケガなら、保護者は「伝えてくれた」ことで理解を示してくれますから、おおごとにはならないものです。繰り返しますが、「先生が知らなかった」ことや「たいしたことではないと思われた」ことを許しがたいと思うのです。ケガをした状況、どのような処置をしたか（消毒した、絆創膏を貼った、冷やしたなど）を説明し、

「念のためおうちでも様子を見てください」と伝えれば完璧です。

登園時に貼っていた絆創膏が保育中にはがれた場合、「はがれたので貼り直しました」「もう必要ないと言うので貼り直しませんでした」と報告すれば丁寧ですね。

降園時のケガ、傷の点検は、4歳児クラスの後半くらいからは子ども本人にチェックさせても大丈夫です。毎日のお帰りのときに、傷がないか、血が出ていないかを自分でチェックして担任に申告させることを習慣にしましょう。あなたが気づいていない傷や、子ども同士のケンカによるケガがあったら、本人（たち）から事情を聞いたうえで手当てし、保護者に伝えましょう。

降園の際、保護者にケガや傷について報告することを万一忘れてしまい、あとで気がついた場合、その時点で電話を入れることをお勧めします。保護者のほうが先に気づいて一度は頭に血が上ったとしても、「ちゃんとフォローの電話があった」と納得してもらえます。

こうした「うっかり伝え忘れた」をなくすためにも、降園時の連絡事項が発生した時点ですぐメモしておくこと、そして降園時には一度メモ帳を取り出して確認することが大事です。特に園バスで降園する子どもの場合は、乗車担当者に伝え忘れるのを防ぐことにもなります。乗車担当者から保護者への伝言だけでは誤解を受けそうだと気になるようなら、帰宅した頃を見計らって、担任から保護者に直接電話でもう一度説明するとよいでしょう。

「質問されたら答える」が鉄則

保護者はいろいろなことを聞いてきます。保護者会の〈お知らせ〉を出してあっても「明日は○時からですよね」と確認されることもあるでしょうし、「この園では自家用車での送り迎えが禁止されているけれど、どうしてなんですか?」といった園のルールに対しての質問もあるでしょう。

そんなとき、「お知らせを出してあるのに」「決まっていることなのに」と面倒くさがらず、快く答えてあげてください。

保護者会の開始時刻を確認してきたCさんは、実はそれを口実に先生とちょっと話をしてみたかったのかもしれません。保護者は(特に年度初めの頃は)、先生に話しかけるきっかけを探っているものです。開始時刻の確認は導入部であって、本当に聞きたいことは別にあったり、先生の人柄を知りたくて話しかけたということかもしれませんから、笑顔で会話をしましょう。

あなたの回答＝園の回答

園のルールについて聞かれた場合は、園を代表して答えているのだという自覚をもつ必要があります。とりわけ何かを禁止している理由を聞かれたときは、その理由をきちんと説明しなければなりませんし、ほかの保育者と違う内容を話すと信頼を失いますから、あなた自身がしっかり理解していなければなりません。

「そういえば、どうしてこういうルールになっているのかしら」と思うことがあるなら、今すぐにでもベテラン保育者に確認しておきましょう。そのルールが生まれた経緯も教えてもらっておけば、なお安心です。

「わかりません」で終わらせない

新人の保育者であれば、想定外の質問で保護者にその場で答えられないというケースも少なくないはずです。質問ではなくて、「こうしてほしいんですけど」「こうしていただくわけにはいきませんか？」といった園への要望であったらなおのこと、自分一人の判断で答えるわけにはいきません。

こんなときの最もよくない対応は「すみません、私ではわかりません」と答えて終わりにしてしまうことです。保護者の中には悩みぬいた末に、勇気を振り絞ってお願いを口にした人がいるかもしれません。その勇気が先生の「わかりません」「判断できません」の一言で砕かれてしまったとき、保護者はあなたを信頼できない先生だと認識してしまい、信頼回復には長い時間がかかります。「私ではわからないので、園長に聞いてください」という対応もNGです。

即答できないこと自体がよくないのではないのです。窓口を閉じてしまったことが問題です。担任は、保護者にとって園の窓口であることを忘れないでください。園長に直接聞くのは敷居が高いと感じて担任に話している、という保護者心理をよく理解しておきましょう。

即答できない場合の正しい受け答えは、「申し訳ありません。即答できませんが、園長（主任、先輩保育者）に確認してお返事しますので、少しお時間をくださいい」です。このとき、さらに信頼度がアップするのは、前にも述べた「ポケットからメモ帳を出してメモする」対応です。「あ、私の言ったこと、ちゃんと園長先生（主任、先輩保育者）に伝えてくれるんだな」と、保護者は安心し、あなたへの評価が上がります。

さて、肝心なのはこのあとです。保護者から何かを聞かれたら、答えるところまでがあなたの仕事。園長なり主任なりに確認して、その返事を伝えなくてはなりません。その返事は、自分の言葉ではなく人（園長、主任、先輩保育者）から伝言された言葉なのですから、ここでもメモ帳に書き留め、メモ帳を見ながら保護者に正確に伝えるようにしましょう。

園長なり主任が「その件は私から保護者にお答えしましょう」と言った場合は、できればその場に立ち会わせてもらって、回答の中身を自分も一緒に聞いておくといいですね。もし時間的な都合で立ち会うことが難しいときは、先に回答を聞かせてもらいましょう。そうすることで当の保護者と共通認識をもつことができます。

場合によっては中間報告も必要

保護者の要望の中身がけっこう大きな事柄で、園長が「少し考えてから回答する」と言った場合は、保護者に中間報告をするのもあなたの仕事です。「先日の件、園長に伝えてあります。検討してお返事すると申しておりますので、もう少しお時間をください」と報告します。このとき、「いつ頃までにお返事

すると申しております」と報告できたら、もっといいですね。ちなみに、「園長先生が～おっしゃっています」という表現は誤りです。園長もあなたも同じ園側の人間ですから、外の人に対して身内に敬語は使いません。

中間報告をしても、まだ終わりではありません。園長の回答を保護者に伝え終えるまで、あなたはこの件を忘れてはいけないのです。それが窓口になった者の務めです。必要なら、園長に「あの件、どうなっていますか？」と催促してください。そして、大きな事柄であればあるほど、この回答を職員全員で共有しましょう。職員会議などで、「保護者のDさんからこういうお問い合わせがあり、園長先生からこのように回答していただきました」と報告できたら完璧です。

隠すより、知らせよ

ここまで、メモをすることの大切さと、そのことで保護者からの信頼度がアップすることを述べてきました。しかし、時と場合によっては、そうとも言い切れないことがあります。

自分用のメモは人目にさらさない

あるとき、保護者に交じって幼稚園の保育参観日に園を訪れたことがあります。たまたま、そのクラスのホワイトボードの脇に立ったとき、ボードの端の目の高さより少し下のあたりに、保育者が書いたと思われる斜めに傾いた走り書きがあるのが目に入りました。「10時工作スタート、10時45分リズムあそび、

11時じゃんけん列車」といった具合です。小さな字で書いてあり、どうやら保育参観のスケジュールを、忘れないように書き留めたもののようです。

3歳児のこのクラスでは、1年目と2年目の保育者が二人担任をしていました。おそらく、新人には頼れず、でもまだ経験の浅い2年目の保育者が、保育進行に支障が出ないよう覚え書きとして書き留めたのでしょう。その気持ちはよくわかるのですが、覚え書きはあくまで自分用のメモ。それが保護者の目にさらされているのはいただけません。保護者はこのボードのメモを見て、「やっぱりまだ経験不足なんだな」という印象をもってしまいます。

たかだか2時間ほどの保育参観です。私としては、2時間のスケジュールくらいは頭の中に入れておいてほしいというのが本音ですが、1年目、2年目では緊張で頭が真っ白になることもあるでしょう。

こういうとき、ポケットにスケジュールメモをしのばせておくほうが、ボードにメモするよりずっとスマートなのです。頭が真っ白になって、ポケットのメモに目をやっている姿を保護者に見られたとしても、保護者はこちらのほうを好意的に受け止めます。むしろ、「ちゃんと準備をしてきたんだな、一生懸命だな」と、初々しいとさえ思います。

一生懸命さは直接見せよう

同じ覚え書きなのに、ホワイトボードのメモには経験不足を感じ、ポケットのメモには初々しさを感じる。どうしてでしょうか。ボードの斜めの走り書きには、〝楽屋裏を見せられた〟〝カンニングを目撃しちゃった〟という印象が混ざるからです。若手の保育者は、経験不足を補おうとする一生懸命さを、恥ずかしがらずに正面から見せていきましょう。

保護者に見えないようにと小さな字でボードに走り書きをするくらいなら、ボードの中央に大きな字で「本日の予定」と書いて、10時〜工作、10時45分〜

リズムあそび…と告知するほうがよっぽど価値があります。保護者にもスケジュールが伝わりますし、保育者も堂々と確認することができます。

園全体で子どもを見ていることを知ってもらう

経験の浅い先生たちは日々、「保護者の信頼を得られているだろうか」と気になっているかもしれません。確かに保護者たちは「この先生は若いな、ちょっと頼りないかも」と思っています。でも経験は一日一日積み上げていくしかありませんし、保護者もまた、そのことを理解しています。

この成長途上の保育者が保護者から信頼を得るには、どうしたらよいと思いますか?

答えは二つ。一つは、明るく元気で、体を張って子どもと一緒になって遊び、若さをアピールすること。保護者の中には子どもをめいっぱい遊ばせてくれる元気な若い先生はありがたい存在だと考える人が少なくありません。言い換えれば、若いのにハツラツさのない保育者は評価されないということです。

もう一つは、経験の浅さは否定できないのですから、逆に「私の保育は園の先輩がた全員に支えられて（フォローしてもらって）いる」と示すこと。上手に示せば、保護者は安心するだけでなく、あなたの成長を見守ろうという気になってくれるのです。

自分がもつ情報を全職員と共有する

では、園の先輩保育者たちに支えてもらっていることを保護者に示すにはどうしたらよいでしょうか。それにはまず、あなたの手元にある子ども情報を全職員に開示することから始めましょう。

朝の職員会議や朝礼のとき、「今日はうちのクラスの○○ちゃんの誕生日です。登園時に○○ちゃんにお声かけをお願いします」「うちのクラスの△△ちゃんは水ぼうそうで休んでいましたが、今日から登園します。朝見かけたらお声かけをお願いします」と頼んでおきます。登園時や園バスの受け入れの際、担任はもちろん、ほかのクラスの先生たちから「○○ちゃん、お誕生日おめでとう」「△△ちゃん、治ってよかったね」「待ってましたよ」と次々と声がかかると、保護者は心から嬉しくなり、「この園に入れてよかった」と思うものです。

報告したくないことほど正直に話そう

でも保護者があなたを心の底から評価してくれるのは、都合の悪い情報をほかの先生たちに開示したのだなと認識したときです。

たとえば、保護者Eさんから「先生、うちの娘、クラスでいじめに遭っていませんか」という相談が寄せられたとき、あなたは「うちのクラスでいじめがあるかもしれないなんて、ほかの先生に知られたらイヤだな」と思うことはないでしょうか。あるいはクラスの子どもが、あなたの見ていないところで転んで前歯を打ったとしましょう。見た目では問題なさそうだけれども、あなたは念のため保護者Fさんに伝えました。Fさんは自分の判断で子どもを歯科医に連れて行き、翌日あなたに「なんでもないと言われました」と知らせてくれました。あなたは「直接見ていないし、なんでもなかったのだから」と、特に園長にも報告しないという選択をすることはないでしょうか。

観察力の未熟さや目配りの不足を指摘されそうな、こうした〝できれば報告せずに済ませたい〟内容ほど、全職員に聞いてもらうことが結果的にあなたのためなのです。

「保護者のEさんから、□□ちゃんがいじめられていないかと相談がありました。このように答えておきましたが、お知らせしておきます」「昨日報告した◇◇ちゃんが転んで前歯を打った件ですが、保護者のFさんが歯科医に連れて行ってくださったそうで、何も問題なかったそうです」と報告しましょう。

そして主任や園長が、Ｅさんに「□□ちゃんのことは職員全員で見ていきますから、何かお気づきのことがあったらいつでもおっしゃってください」、Ｆさんに「◇◇ちゃんの前歯の件ではご心配をおかけしました。大事に至らず私どももほっといたしました」と声をかけたとき、保護者は「あ、担任の先生はちゃんと報告を上げたんだな」と認識し、あなたを誠実な保育者だと評価してくれます。

これも前項と同じく「隠すより、知らせよ」の例です。マイナス情報は対応を誤ると保護者から信頼を失いますが、きちんと対応して信頼を得られれば、その保護者はそれ以降、あなたの応援団になってくれるはずですよ。

保護者の要望にすべて応える必要はない

保護者から園に対しての要望が寄せられたとき、自分の判断で回答できない場合は園長や主任につなぐ必要があることを述べました。では、自分の判断で対応できるかもしれないことだったらどうしますか？

経験の浅い保育者であるほど、保護者からの要望に「一生懸命に応えよう」と考えてしまう傾向があります。中には保護者に対して必要以上に苦手意識をもっていて、要望というより命令のように聞こえてしまい、必死になって応えようとする保育者もいます。〝答える〟は回答することですが、〝応える〟は期待に沿う、対処する、ということです。がんばって応えることで、保護者とよい関係が築けるはずだとか、「若いけど案外頼りになるわね」と信頼度がアップするはずだとか思ってしまうのかもしれませんが、保護者のほうでは「ダメモトで言ってみよう」程度の要望であることも少なくないのです。

何か要望を受けたら、まずは冷静に分類をしてみましょう。

①保護者の言うことはもっともで、自分も納得できる要望であるし、すぐに応えてあげられること

②保護者の言い分もわかるし、自分もできれば応えてあげたいとは思うが、すぐには回答できないこと

③無理な注文で、とても応じられないこと

このように三つに分類し、それぞれにふさわしい対応をすると、保護者から信頼される保育者になれます。

すぐに応えてあげられる場合

自分の判断でＯＫできる①の場合なら、「承知しました。対応します」とい

う返事になりますね。そのとき、あなたが気づいていなかった点についての指摘であったら、「お知らせくださってありがとうございました」と付け加えることができたら上級の対応です。

たとえば、「保護者会のときはトイレに専用スリッパを出しておいてほしい」という要望なら、ＯＫしてもよさそうです。自分が持参したスリッパ（室内履き）のままトイレに入るのに抵抗がある人は多いものです。

真っ当な要望なのに、「面倒くさい」「このママは注文が多い人だから、うかつにＯＫと言うとこれからも続々と言ってきそうで大変」「ＯＫすると、これまでの私のやり方が間違っていたみたいで悔しい」「甘く見られないようにしないと」などの理由で、ろくに検討せずに「できません」と即答してばかりだと、「この先生、聞く耳をもたない人ね」と反感を買ってしまいます。

ただし、①の場合で気をつけなければならないことが二つあります。

一つは、このトイレのスリッパの例のように、あなたのクラス以外の保護者にも関係することであれば、「こういう要望があって、私の判断で了承しました。私が忘れずに担当します」と、全職員に告知しておくこと。とりあえず初回は、ＯＫを出したあなたが担当する仕事です。

もう一つは、あなたがＯＫしたことにより、ほかのクラスの担任に迷惑がかかってはいけないということ。つまり、ほかのクラスの保護者が担任に「隣のクラスではＯＫなのだから、うちのクラスもＯＫにして」とねじ込むような事柄であれば、個人の判断でうかつにＯＫしてはいけません。じっくり考える時間をとるために「検討させていただきます」と答えましょう。前にも書いたように、検討した結果、出した結論は必ず保護者に伝えてください。

検討する必要がある場合

保護者から「来週の○曜日、のっぴきならない事情で、お迎えが10分ほど遅れそうですが、待っていただけますでしょうか。夫もその日は出張で都合がつかないのですが……」と要望されたら、どうしましょうか。これは②に該当するケースです。

簡単に「大丈夫ですよ」と言ってしまって、自分がその約束の責任を果たせなかったとしたら大問題です。その日のシフトや、保育後に職員会議や研修日程などが入っていないかどうかの確認が必要ですし、こうした特例を認めてよいかどうか園長に確認することも必須ですから、即答は避けるべきですね。

こういうときは「お引き受けできるかどうか確認してからお返事します」と言ってよいのです。その結果、引き受けられないという結論に達したのであれば、きちんと断りましょう。そのときも、ばっさりと「無理でした」「ダメと言われました」と言い放つのではなく、理由を説明し、「どなたか代わりにお迎えをお願いできるお母さまはいらっしゃいませんか」と別の策を提示してあげられると上級です。

検討するまでもなく応じられない場合

中には自分勝手な要求をしてきたり、常識はずれなことを言ってきたりする保護者もいます。③に該当する要望の例としては、「○○ちゃんのママと折り合いが悪いので、来年度は違うクラスにしてほしい」「来年度、先生が3歳児クラスを担任するなら、うちの下の子も先生のクラスがいい」「今度、クラスのお母さん数人と飲み会をやるので、先生も来てくれませんか」などなど。こうした、受け入れがたい注文には、「申し訳ないのですが、そういうことにはお応えできないんですよ〜」「○○さん、それはちょっと難しいですね〜」と、にこやかに、しかしきっぱりと断りを入れましょう。

前にも触れましたが、保護者のほうでは〝ダメモト〟で言っている場合もあるので気にしすぎないことです。保育者がブレずに断れば、「やっぱりダメか」とすんなり引き下がることが多いものです。

特定の保護者から要望が相次ぐと、鬱陶しくなってその人を敬遠したくなるかもしれませんが、拒絶と感じさせない上手な言い回しを先輩保育者から学ぶなどして、関係性を壊さない対応をしてください。ムッとした表情を見せてしまったらあなたの負けです。

3

一人ひとりの保護者の気持ちに配慮

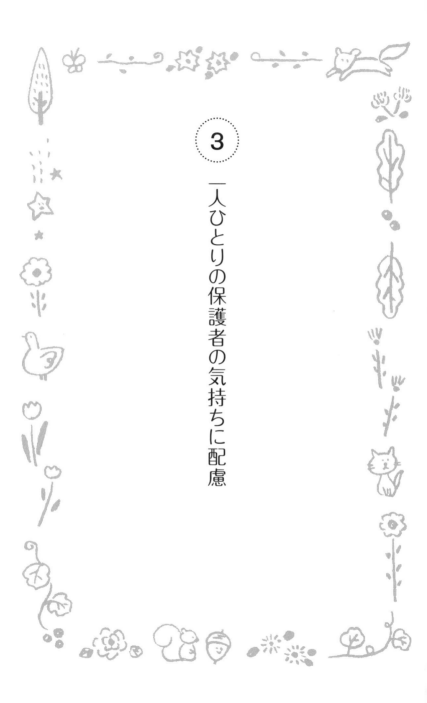

手のかからない子ほどよく目配りを

現実問題として、保育者は手のかかる子どもに対して、長く視線を留めています。すぐ手が出る子、よく泣く子、叫ぶ子、動き回る子、話を聞かない子……。きっと何人かの顔が浮かんだことでしょう。

反対に、手のかからない子は、言ってみればありがたい存在ですね。情緒が安定している子、遊びや活動に集中できる子、話が聞ける子などなど。こうした子どもには、保育者は目を向けても一瞬で、問題がないと判断すると長く視線を留めないことが多いはずです。

ところで、保護者に「担任への不満」を尋ねたとき、二大不満のうちの一つが「園での様子を話してくれない」「園での様子を聞きたいが、いつも忙しそうで遠慮してしまう」というものです。言い換えれば、「こちらから聞かなく

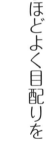

ても、うちの子がどんな様子か話してほしい」と思っているということです。そしてこの傾向は、おとなしい子の保護者に非常に高いのです。

おとなしい子の親を安心させよう

手のかからない子のうち、おとなしい子は特に、園での様子を家で話さないことが多く、お友達の名前を言ったりもしません。聞いても要領を得ず、保護者は「園で言いたいことも言えないでいるのではないか」「お友達とうまく遊べていないのではないか」、さらには「いじめられているのではないか」と、どんどん悪いほうに想像をたくましくしてしまいます。なにより、「おとなしいうちの子を先生がちゃんと見てくれているのか」が気になります。

おとなしい子の親もまた同様に内気だったりして、気後れして自分から担任に聞けなかったりするのです。

やんちゃな子の親は「うちの子、きっとご面倒をおかけしているはず。お世話してくださって、ありがたいかぎり」と感謝していたり、「先生から特に話がないということは、今日も無事に過ごせたということね。ああよかった」と安心していたりしますので、担任から詳しく様子を知らされなくともあまり気にしません。

きちんと目配りしていることを言葉で伝える

入園・進級後の4月、5月は特に、おとなしい子の保護者への声かけや連絡帳への記入を意識したいものです。

中身は、「今日はこんなことをして過ごしました」「レストランごっこに私を呼んでくれました」「初めてのことがちょっと苦手なようなので、担任と一緒にやってみました」「日曜日におばあちゃんのおうちに行くことを話してくれました」など、きちんと目配りしていることと、子どもとのコミュニケーションが図れていることが保護者に伝わる内容ならなんでもOKです。

このたった一言が、保護者の不安を大幅に軽減します。そして、「この先生なら安心」と、心を開いてくれますよ。

個人面談時の心得

保護者の「担任への二大不満」のもう一つは、いったいなんでしょう？　おそらく、「ええっ、そんなことが？」と思うようなことです。保育者は良かれと思って口にした台詞なのに、保護者にはとてつもなくつらく、取りつく島のない対応だと受け止められてしまうのです。

「大丈夫ですよ～」は禁句

たとえば個人面談の日、保護者は保育者が想像する以上に緊張しています。わが子のことで、ちょっと気になることがある。でも、こんなことで心配するなんて、過保護だと思われないかしら。これまでは我慢して相談してこなかったけれど、今日は個人面談で周りに人もいないから、勇気を出して先生に相談してみよう――。

そうして悩んだ挙句、ようやく口に出してみたら、担任は笑いながら「大丈夫ですよ～。まったく心配ありません」と一言。それきり何も言わないので、会話が続かなくなってしまいました。保護者はその1点にだけ気持ちが集中していたので、頭を切り替えてほかの話題に移ることすらできません。

そう、「担任への不満」のもう一つは、「大丈夫」の一言で済ませられてしまうことなのです。

心配ないと言ってあげたのに、悪くとられるの？と納得がいかないかもしれませんね。でも、「心配ない」「大丈夫」の一言で心配が薄れる保護者など一人もいません。どうして心配しなくても大丈夫なのか、なぜ担任はそう思うのか、その理由を説明してあげるのが保育者の仕事です。

園での様子や発達段階を知らせる

育児誌の編集部に在籍していたとき、保護者の心配で最も多かったのが、「うちのGはいつも砂場で一人で遊んでいるようだ。ほかの子は一緒に山を作ったりトンネルを掘ったりしているのに…。担任の先生は一人ぼっちのうちの子をほったらかしにしている」というものでした。こういうときは、一人遊びから群れ遊びへの移行の発達段階を伝えるのが効果的です。

1、一人遊びに十分に満足してからでないと、群れ遊びに移行していかない。その時期は子ども一人ひとりで違っている。

2、一人遊びをしていても、その視野の中に、群れ遊びをするお友達の姿が入っていることに意味がある。

3、保育者は一人遊びをしているのを放っておいているのではなく、「そろそろ群れ遊びに関心が向いてきたな」という時期がくるのを見守ってい

る。そして、タイミングを逃さずに、群れ遊びに誘い込んでいく。

説明を聞いて、保護者は発達段階の極意にびっくりするでしょう。そして、納得してくれます。

また、別の保護者の心配が「うちのＨは、Ｉくんとあんなに仲が良かったのに、最近ケンカでもしたのか、Ｉくんの話題をまるで口にしなくなった」というものであったなら、こういう説明ができるかもしれません。

1、確かに最近は、Ｉくんと一緒にいる時間が減っている。しかし、ケンカをしたわけではない。

2、Ｈくんはこの頃、昆虫への関心が高まっていて、みんなから昆虫博士と呼ばれているＪくんと一緒に暇さえあれば園庭で虫探しをしている。一方、Ｉくんは最近、縄跳びの練習に夢中なので、自由時間は別々に遊んでいる。

3、だが、クラスメートとしてはとても仲良くやっているので安心してほしい。

4、このくらいの年齢になると、同じ興味をもつ子ども同士で群れることが多く、新しい仲良しを増やしていく頼もしい時期である。

こんなふうに詳しく説明して初めて、保護者の心配は解消されていきます。保護者が心に留めておくべきことは、「保護者は園での様子を知りたくても知り得ない状況にある」ことと、「保護者の多くは子どもの発達の過程を知らないから不安になる」ということです。ですから、園での様子を伝え、さらに、発達上こういう段階にいるので、それは健全な発達だとプロとして教えてあげて、安心してもらうことが大切なのです。

子育てのアドバイスもできたらグッド

さらに別の保護者の心配は、「うちのKは年長にもなってとても怖がりで、大きな物音にもびくっとするし、夜は暗くて怖いと言って一人でトイレにも行けません。こんなことで大丈夫なんでしょうか」というものでした。こういうときは、次のように話してあげるといいですね。

1、読み聞かせでちょっと怖いお話だと不安そうな表情を見せるので、怖がり屋さんだということはわかっていました。それからは、Kちゃんだけに前もって「最後は楽しく終わるから、安心して見ていて大丈夫よ」と話しておくように心がけています。

2、夏休みにお泊まり保育がありますが、保育者が必ず起きていて、夜のトイレにも同行しますから安心してください。

3、大きな音にも敏感ということなら、音楽会のときに大太鼓の近くにならないほうがいいかどうか、本人に確認しながら位置決めをしますね。

4、急に怖がりでなくなるというのは望めないと思いますが、年齢が上がるにつれて徐々に怖さが軽減されるはずですから、ゆっくり見守っていきましょう。

5、怖がり屋さんは何事にも慎重で、特に新しい挑戦には抵抗を見せることもあります。園では私がフォローしていきますので、おうちでは、初めてのことに取り組むときは一緒にやってあげてくださいね。

このように、「担任は承知している、見守っている」と伝えて安心してもらい、さらに保護者が取るべき行動を示してあげられたら、とても感謝されるでしょう。

保護者の側にも保育者の側にもとりわけ心配事のない子どもで、個人面談で会話が続かないような場合、「では特に問題がないようですので今日はこれで」とすぐに切り上げてしまわず、どんな話題でもよいので担任から話を振ってみましょう。「Lくんは給食でも好き嫌いがなくて感心しています。おうちでお母さんが、いろいろな献立を考えていらっしゃるからだと想像しているんですが…」とか、「Mちゃんは読み聞かせのときに『この本、知ってる』と話してくれることがよくあります。絵本をよく読んであげていらっしゃるんですね」

など、保護者が話しやすそうな話題がきっとあるはずです。家庭での子どもの様子や、保護者の仕事に関することでもいいですね。

個人面談は、保護者が「今日は先生といろいろお話しできて良かった」と思いながら、笑顔で帰ってくれたら成功です。担任だけがしゃべり通しだったり、「お宅のお子さんはこういうところが問題です」と糾弾して終わり、だったりしてはいけません。仮に、保護者と相談したい問題点があったとしても、「担任として、こうしてみますので」の一言がないのは無責任ですし、自分の保育力の低さを露呈していることにもなります。

問題点を話し合ったあとは、その子の良い点もしっかり話し、「私は○○ちゃんが大好きです」ということを伝えて、最後は保護者を笑顔にしてあげてください。以前、私に「個人面談で子どもの悪いところばかり指摘され、ぼろぼろ泣きながら帰ったことがある」と話してくれた保護者がいますが、一度こういう経験をした保護者は決して担任を好きになってくれません。

守秘義務と、情報公開の注意点

あなたが独身であったり、出産経験がないとしたら（若手の保育者のほとんどはそうでしょうが）、「母親って、なんて心配性なんだろう」と思っているかもしれませんね。とりわけ専業主婦が多い幼稚園児の母親は、子育ては自分に任されているという気負いがありますし、〝職場での自分〟という気分を変えられる場面もないため、子どものことが気になって仕方がありません（もっとも、もう少し気にかけてほしいと思ってしまうようなお母さんもいますけれどもね）。

心配事を相談されたら、「大丈夫です」の一言でケリをつけないこととともに、ほかの保護者にその内容を漏らさない、というのも大切な約束事です。保育者から見れば非常に些細な心配事であっても、本人にとってはそうではありません。ましてや専業主婦であったら、「わが子に心配事があること自体が自分の子育ての恥」と思っていることすらありますから、人に知られたくないというその気持ちに配慮してあげましょう。

私はこんなお母さんを知っています。担任に相談するかどうか迷いに迷った挙句、やはりプロの意見を聞いてみるべきだと意を決して話したところ、数日後に役員ママさんから「〇〇さん、先生にご相談なさったんですって？　うちの上の子もそうだったけど、心配のし過ぎだったわ。お宅もきっと心配ないわよ」と言われたとか。勇気を出して打ち明けたのに、他人に軽々しく話してしまうなんてあんまりだ、二度と相談なんかするものかと思ったそうです。

どの保護者とも等距離のお付き合いを

保育者にしてみれば、保護者は一様ではなく、気さくで話しやすい保護者、ちょっと苦手な保護者、よくわからない保護者など、いろいろな印象の人がいるでしょう。その中では、園に来ることの多い役員ママさんとは、話す機会も多くてわりあい話しやすいということはあるかもしれません。でも、役員ママさんとよもやま話をしているときについ、○○さんが相談に来園したことを話してしまった……これは絶対にNG。保護者からの相談事は個人情報、保育者には守秘義務があると思ってくださいね。

障害のある子どもへの対応は慎重に

園児の中には、入園時点で障害があることがわかっている子や、在園中に診断名がつく子がいます。3～4歳児ともなると、「先生、Nちゃんはどうして○○なの？」「Oくんは私たちと違うの？」などと聞いてくることもあります。そんなとき、子どもたちにどう説明するか勝手に判断せずに、当事者の保護者ときちんと話をして合意しておく必要があります。

保護者から「うちの子には障害があります（あると診断されました）」と申告があったとき、「クラスのお母さまたちに、そのことをお伝えになりますか？」と率直に確認することが大事です。自分一人では荷が重いと思うなら、主任や園長に同席してもらいましょう。「伝えたくない」という返事であれば、子どもたちへの説明もそれに沿ったものになります。「伝えたい」という返事であれば、保護者会などの機会を利用して、本人から皆さんに伝えてもらうのが一番です。本人の言葉で、正しく、あるいは自分の伝えたい内容で話してもらうことがトラブルを回避することにつながります。

障害ではありませんが、子どもに重度の食物アレルギーがある場合は、こちらからお願いして保護者会などで説明してもらいましょう。誤って口にしてアナフィラキシーショックなどを起こせば命に関わりますから、園外でも交流する機会のあるクラスのお母さんたちには知っておいてもらわなくてはならない情報です。子どもたちには担任から説明することの許可も得ておきましょう。

〈クラスだより〉での情報公開は事前確認を

個人情報の保護を意識するあまり、あれもこれも知らせてはダメと神経質になってしまいがちですが、たとえば〈クラスだより〉は、担任と保護者が情報を共有することで、ひいては保護者同士、子ども同士をつなぐツールでもあります。年度途中に転入してきた子がいれば、新しいお友達として〈クラスだより〉で名前を紹介するはずですが、そこにちょっとした情報がプラスされていたら、その子も保護者も早く周囲になじめるかもしれません。「こういうことを記載してもよろしいですか？」と事前に確認しておけばいいのです。「おうちは○○公園の近くです」「3月生まれです」「○○が大好きです」「小学校2年生のお兄ちゃんがいます」といった情報が添えられていれば、保護者同士で

「お近くですね、よろしく」とか「うちも3月生まれなんですよ」と、すぐに会話が生まれそうです。

また、「□□ちゃんがお姉さんになりました。弟さんのお名前は△△ちゃんです」といった紹介記事は、その園の温かな雰囲気が感じられて好ましいものです。ただし、これも事前に掲載の許可をもらってくださいね。

舞台系の役決めの経緯を公開しよう

園ではたいてい、舞台系の行事がありますね。学芸会、音楽発表会、おゆうぎ会、オペレッタ発表会、生活発表会、保育発表会など名称はさまざま。キリスト教系の園ならクリスマスの聖劇などもあります。

保護者は「うちの子、なぜその役なの?」と考える

「わが子がいちばん」の保護者ですから、人によって多少の差はあっても、わが子がどんな役をやるのか、どんな楽器を担当するのかは気になります。というより、むしろ「先生はどういう理由でうちの子にそれを割り振ったのか」を知りたいと考えます。なぜなら、多くの保護者は「できれば毎年、主役(大

きな役、目立つ役）をやらせてもらいたい」と思うものだからです。

今は公平感が声高にいわれる時代で、それに配慮しすぎた園では、桃太郎が5人、白雪姫が6人ずらりと舞台に並び、ぞろぞろと移動するというような光景を目にすることもあります。桃太郎役が5人いてもいいのですが、5幕に分けて順番に一人ずつ登場させればよいのになあ、と私は思います。ずらりと並ぶことが公平だとは思えないからです。子ども同士でフォローし合うということなら、せめて二人一組でしょうか。

子どもが選んだ経緯を知らせよう

同じ場にずらりと並べて表面的な公平さを見せることよりも、役決め自体にも、保育において大事な意味があることを保護者に知ってもらうことのほうが大切ではないでしょうか。

そもそも保護者には、役や楽器決めは担任がするものという思い込みがあります。でも、多くの園では、4～5歳児ともなると子ども本人がやりたいものを選ぶことのほうが多いですよね。2～3歳児でも好きな動物の役を選んだりします。まずはそのことを保護者に知ってもらう必要があります。

主役をやりたいと言ったのはPくん一人だったのですんなり決まった、Qちゃんは舞台中央でダンスをするウサギの役がいいと言った、Rちゃんは妖精の役をやりたかったのだけれど希望者が複数いたため譲り、ナレーター役に回ってくれた、Sくんは台詞がある役はイヤだけど、じっと動かないでいるのは得意だからと木の役を買ってでた、Tくんは去年は大太鼓だったので、今年はタンバリンをやりたいと言った、Uちゃんはみんなの推薦で木琴に決まった、などなど、舞台裏のエピソードをそれぞれの保護者に伝えましょう。

その際、「Rちゃんは役をお友達に譲ってくれて、本当に成長を見せてくれました」「Vくんは大道具作りに燃えて役にはつかないと言い張ったのですが、おうちの人に一度だけでも顔を見ていただこうよと話して、魚になって舞台を横切ってもらうことになりました」「Wくんは希望者のいなかったシンバルを引き受けてくれたので、劇の役は一番に決めていいとみんなが言い、村人の役を選びました」など、保護者が納得したり、うれしくなったりするエピソードを付け加えられるといいですね。

プロセスの価値を伝えよう

行事は、その経験を通して子どもが大きく成長するものです。保護者には、当日の様子を参観することでおおいに成長を実感してもらいたいものですが、当日に至るまでのプロセスにも大きな価値があることを伝えるのは担任の役割です。このようなエピソードだけではなく、「クラスが一丸となって一つのことを成し遂げるという力がついてきました。クラスのまとまりの力もぜひご覧になってください」と、事前に伝えることも大切にしてください。

最後にもう一つ。舞台系の行事の配役に限らず、保護者は運動会でも作品展でも、どんな行事でもわが子の活躍を期待するものです。なんでも上手にこなす子どももいますが、いつもそういう子ばかりが目立つことのないように気をつけましょう。すべての子どもが一年のうちのいずれかの行事でひときわ輝くよう、担任は配慮していきたいものです。こうした心配りは必ずや保護者に伝わり、「〇〇先生が担任でよかった!」という声が聞けるでしょう。

4

よい〈おたより〉で得られる保護者の信頼

〈おたより〉は大事なコミュニケーションツール

保護者とのコミュニケーションは会話だけではありません。文字を通してのやりとりも、情報を発信する側と受信する側との大事なコミュニケーションです。園では〈園だより〉〈クラスだより〉、行事の〈ご案内〉、各種〈お知らせ〉や〈お願い〉などの文書を出して、保護者と情報の共有をしますね。〈連絡帳〉ではもっと直接的なやりとりがあります。これらのコミュニケーション、うまくいっているでしょうか？「保護者がよく読んでくれない」「うまく伝わらなかったのか問い合わせが多い」「書き方が悪かったのか誤解されて関係が悪くなったことがある」「紛失したと言ってくる保護者が多い」などの悩みを抱えていたりしませんか？

私は職業柄、保育者研修会などで「園から発信する印刷物の作り方」講座を頼まれることがあります。その際、各園の〈おたより〉を実際に見せていただきますが、少し工夫すると、もっと伝わるものになるのになあ、と思うことがよくあります。

見やすく、間違いがなく、保護者の知りたいことが過不足なく書かれていて、誠意が伝わる〈おたより〉とは、どういうものでしょうか。

この章では、

①ツールとして、日本語を正しく使う
②一般的な「文書の作り方」を理解する
③〈おたより〉文案をチェックしてみる

という流れで解説していきます。〈おたより〉作りの基本をマスターして保護者と円滑なコミュニケーションが図れるようになると、伝えたいことがきちんと伝わるだけでなく、保護者に信頼される保育者になれるでしょう。

まずは〝正しい〟日本語を書く

普段、メールやＬＩＮＥで使っている日本語をそのまま使ったのでは、保護者に信頼される文書は作れません。保護者が〈おたより〉のどこをチェックしているかを見ていきましょう。

誤字の多い保育者は信頼されない

園から配布される〈おたより〉を読んだとき、少なくとも次の２点が押さえられていると、保護者は書いた人を信頼します。

第一に、誤字・脱字がないことです。担任が作る〈クラスだより〉が手書きの園はまだまだ多いですし、連絡帳はもちろん手書きですね。間違った表記

（漢字でも平仮名でも送り仮名でも）が何度も出てくると、「この先生、大丈夫かしら」と思うのが保護者です。パソコンを使っている人なら、変換ミスに気をつけましょう。変換ミスのまま印刷されていると、「読み返して確認するひと手間を省いた」と受け止められます。誤字をなくすということは、第1章で書いた「〝見た目〟は大事」の〈おたより〉版なのです。

第二に、敬語が正しく使われていることです。保護者に対して敬語を使おうという姿勢があっても、使い方が間違っていたのでは誠意も台無し。わが子にきれいな言葉づかいで接してもらいたいと願う保護者ですから、これではがっかりされてしまいます。敬語には堅苦しくならない使い方がありますから、模範例を探してみてください。保育雑誌などに載っている〈おたより〉文例も参考になりますね。文章で敬語を正しく使いこなせるようになれば、保護者との直接の会話も怖くなくなりますよ。

話し言葉をそのまま使ったり、「チョー（超）○○」「どん^2（どんどん）」

のような若者言葉を使うのもNGです。まずは、誤字がなく、さりげなく敬語を使った〝正しい〟文章を書くことを目指しましょう。そうすれば、多少字がへたでも大丈夫！

間違えやすい漢字、話し言葉から書き言葉への変換、敬語や謙譲語の使い方の例をいくつか挙げておきますね。

一諸↓一緒　いも堀り↓いも掘り　一人づつ↓一人ずつ

子ども同志↓子ども同士　すいません↓すみません・申し訳ありません

〜したんですが↓したのですが　〜しちゃいました↓してしまいました

（自分が）行きます↓まいります・お伺いします

見てください↓ご覧ください　聞いてください（質問）↓お尋ねください

見てもらいたいです↓見ていただきたいです

お暇なときに↓お手すきのときに・お時間に余裕のあるときに

了解しました↓承知しました・かしこまりました

文書作りの〝約束事〟を守る

文書には守るべき〝約束事〟があります。園の〈おたより〉を作成する人は、文書作りのプロではありませんが、〝約束事〟を知り、それを守ることで、大勢の人に配る印刷物としてのグレードが格段に高まります。〝約束事〟がきちんと守られている文書は、相手に伝わる力のある文書になるのです。そして、あなたが思う以上に読む人に喜ばれるものになります。

〝約束事〟三つの基本ポイント

印刷物を作るときに押さえるべき基本ポイントは三つあります。「発信日はいつか?」「発信者は誰か?」「誰宛てのものか?」です。

これはすべての印刷物に言えることで、市販の雑誌であれば、「発信日」と「発信者」は巻末の〝奥付〟に記載されています。「誰宛てのものか」は、その雑誌のコンセプト（どんな読者に向けて編集するか）そのものがこれに相当します。さらに、その雑誌を知らない人にも書店で手に取って購入してもらうために、表紙を見ただけで雑誌の中身が想像できるような工夫もされています。それが、誌名の上や横に書かれているキャッチコピー。たとえば、本書を出版しているチャイルド本社から出ている保育雑誌『ポット』には、誌名の上に〝保育ステップアップマガジン〟というキャッチコピーが書かれています。このキャッチコピーで、この分野に関心のある人向けですよ、と引き寄せるわけですね。

これらの三つのポイントを、皆さんが作成する〈おたより〉を例にして考えてみましょう。

①発信日を明確にする

まず、〈おたより〉を発行する日付を必ず入れなくてはなりません。「△月□日」では不十分で、「○年△月□日」と年から入れます。日付を正しく記入することは、発信者側の控えになることはもちろんですが、保護者にとっても大変ありがたいことです。たとえば年間行事予定表に発信した年度が書かれていなかったら、冷蔵庫に貼ってあった前年度のものと入れ替えるときに混乱してしまいますね。それに、皆さんは案外知らないかもしれませんが、〈クラスだより〉や〈園だより〉を、子育てに頑張った期間の証として長く保管しておく保護者は多いのです。年度末や卒園時に〈おたより〉を整理するとき、年が入っていないと大混乱のもと。

特に紙のサイズの小さい簡単な〈お知らせ〉の場合に、月日しか入っていないものをよく見かけますが、すべての印刷物に年月日を入れることを習慣化してください。

②発信者を明確にする

園からの〈おたより〉なのだから、発信者は「園」に決まっているじゃないと思った方も多いのでは？　でも、園名が入っているだけでは不十分なのです。〈園だより〉は「○○園（園長名が入っても可）」、〈クラスだより〉は「○○園　△△組　担任□□（フルネーム）」と、発信者名を入れましょう。各種〈お知らせ〉の発信者名は、その内容によって「○○園　年長組担任」とか、「○○園　バザー係」とか、「○○園　父母の会」などと変化します。①の発信日と②の発信者名はいつもセットにして、一目でわかる目立つ位置に書きます。横書きの〈お知らせ〉なら紙の右上、〈園だより〉や〈クラスだより〉なら題字の脇（題字が横書きながら右隣、縦書きなら下）に明記しましょう。

保護者にとって、その〈おたより〉が誰から発信されたものなのかは大事な情報です。〈クラスだより〉に毎回、担任の名前を書く必要があるだろうかとお思いかもしれませんが、名前があると発信者の顔が見え、それだけ親しみやすく感じられるものです。また、普段接することの多いお母さんだけでなく、お父さんや祖父母が手に取ったとき、担任の名前を目にしてもらうことには価値があります。お父さんと子どもとで「へぇ、□□先生はあかりさんっていうんだね」「そうだよ、名前とおんなじで明るい先生だよ」なんていう会話が交わされたら、先生への親しみがわいてくるはずです。また、卒園後、何年もたってから〈クラスだより〉をながめたとき、「そうそう、年中のときの先生は□□先生だったわねえ」となつかしく思い出してくれるかもしれません。

③誰宛てかを明確にする

〈園だより〉や〈クラスだより〉は、読む人が在園児の保護者やそのクラスの保護者とはっきりしていますから、題字が明記されていれば、誰宛てか書かなくても問題ありません。でも前に書いたように、キャッチコピーを付けることで読者にそのツールの目的をさらによく理解してもらうこともできます。たとえば、「りすぐみだより」の上に〝おうちとクラスが手をつなぐ〟などと入っていれば、ますます読みたくなるかもしれませんね。

気をつけなければならないのが〈お知らせ〉です。発信者側は〈お知らせ〉を届ける相手を想定して書いているため、「誰宛てかなんてわかりきったこと、この〈お知らせ〉をもらった人に決まっているじゃない」と考えがちですが、話はそう簡単ではありません。〈お知らせ〉を受け取った保護者の家庭に、子どもが複数いる場合を思い浮かべてください。同じ園に複数の子どもを通わせている家庭は少なくありません。中には、きょうだいが幼稚園と保育園に分かれて通っている家庭もあります。もし、〈お知らせ〉に宛て先が明記されていなかったら、どうなるでしょうか。子どもがそれぞれ自分で園カバンから出してお母さんに手渡した、あるいはお母さんがそれぞれの園カバンから取り出した、お母さんはひとまとめにして夕食後に読もうと手に取ったら…、あらら、これは誰が持ち帰った〈お知らせ〉だったかしら、ということにもなりかねないのです。

〈お知らせ〉には、その内容に応じて「保護者の皆さまへ」「年少組保護者の皆さまへ」「園バス○○コースの保護者の皆さまへ」というように、明確な宛て先を書くことが求められます。

文字ばかりの〈おたより〉は読まれない

この世代の保護者は、ウェブサイトや雑誌を見慣れていますから、ビジュアル（視覚に訴えるもの）にうるさい人たちです。読みやすいレイアウト（配置、デザイン）かどうかは重要なポイントで、文字ではなくイラストや写真で代用できるなら、そのほうが見やすいとも思っています。その証拠に、今はフェイスブックやＬＩＮＥで絵文字やスタンプがたくさん使われ、写真がメインのインスタグラムが大人気になっていますね。

したがって、文字ばかりぎっしり詰まった印刷物は苦手な保護者たちです。イラストを入れたり、余白を残すなどして、〝読みやすい〟〝読みたくなる〟紙面作りを目指しましょう。ただし、保護者の中には「絵文字を使われると先生との年代ギャップを感じる」と言う人も多いので、絵文字は1枚の〈おたより〉にあっても1個まで、〈連絡帳〉には使わないようにしましょう。

さて、ここまで、文章を〝正しく〟書くことの大切さと、文書を作る際の三つの基本ポイント、読みやすさの工夫について述べてきました。では、これらがしっかり頭に入ったかどうか、力だめしをしてみましょう。106〜107ページのワークにチャレンジしてみてください。ワークの後のページに模範例を示しましたので、どうぞご参考に。チャレンジのあと突き合わせをし、自分の弱いところを発見して今後に活かしていただけたら幸いです。

ワーク

「新入園3歳児クラスの保護者に向けての〈おたより〉」の文案をチェックしよう

①次のページの文章は「力だめし」のために作ったものです。3歳児の発達の様子が発行時期の4月に合っていなかったりしますが、無視してください。

②文中には誤字のほか、敬語の使い方や表現の誤りがたくさんあります。正しい字、表現に修正しましょう。

③文書の作り方の〝約束事〟は守られているでしょうか？　必要な情報が不足していれば、書き加えてください。

ワーク

年少組ご父兄各位様

ご　案　内

入園式から早３週間が過ぎました。子どもたちも園のルールに少しづつ慣れ、元気に毎日を過ごしています。

始めての園生活で、何もかもが珍しいのでしょう。園庭の木に上ってみた子、園舎の回りをぐるっと一周してみた子、裏の畑でこっそりおいもを掘ってみた子、カメがいるのに気ずいて不思議そうに眺めていた子、何かいたづらしてやろうと目を輝かせる子……、みんな生き生きとして、とてもすてきな笑顔を見せてくれます。ときには、何をして遊ぶかを子ども同志で相談して一諸に遊ぶ姿も見られるようになりました。

身の周りのことは自分でやってみようという気持ちも芽生えてきました。ご家庭でも、脱いだ靴をそろえることができたり、ボタンを一つでも止めることができたら、多いにほめてあげてください。

さて、こうした様子をご父兄の皆さまにも見てもらい、本園の教育方針をご理解くださる機会の一つとして、下記のとうり保育参観日を設定いたしますのでご案内申し上げます。

- 日時　５月１７日（水）９：30～
- 場所　各組保育室・園庭
- 持ち物　上履き（スリッパ等）

なお、入園式でもお話ししましたように、今後毎月お配りする絵本の講読申込書を当日集めたいと思いますので、ご希望の方は記入して忘れずに持ってきてください。

また、園生活に関するご質問がありましたら、保育中の担任に変わって園長、副園長、主任が聞きますので、どうぞご遠慮なく聞いてください。

皆さまのお越しを先生一同、お待ちいたしております。

模範例　※下線の下が正しい表記です。

「父兄」は使わない
（「年少組保護者の皆様へ」とすると
より柔らかくなる）

年少組ご父兄各位様《年少組保護者各位》

「各位」には「様」の意味も
含まれているので併用しない

日付は必須。半月～３週間前に発信

平成 29 年 4 月 26 日

きりん幼稚園

発信者名は必須。複数の子どもがいる家庭に配慮
（担任が発信する場合は園名＆クラス名＆担任フルネーム）

内容がわかる見出しに

保育参観のご案内

入園式から早３週間が過ぎました。子どもたちも園のルールに少しづつ《少しずつ》慣れ、元気に毎日を過ごしています。

始めて《初めて》の園生活で、何もかもが珍しいのでしょう。園庭の木に上って《登って》みた子、園舎の回り《周り》をぐるっと一周してみた子、裏の畑でこっそりおいもを堀って《掘って》みた子、カメがいるのに気ずいて《気づいて》不思議そうに眺めていた子、何かいたづら《いたずら》してやろうと目を輝かせる子……、みんな生き生きとして、とてもすてきな笑顔を見せてくれます。ときには、何をして遊ぶかを子ども同志《同士》で相談して一諸《一緒》に遊ぶ姿も見られるようになりました。

身の周り《身の回り》のことは自分でやってみようという気持ちも芽生えてきました。ご家庭でも、脱いだ靴をそろえることができたり、ボタンを一つでも止める《留める》ことができたら、多いに《大いに》ほめてあげてください。

さて、こうした様子をご父兄《保護者》の皆さまにも見てもらい《ご覧いただき》、本園の教育方針をご理解くださる《いただく》機会の一つとして、下記のとうり《とおり》保育参観日を設定いたしますのでご案内申し上げます。<u>時間内でどうぞご自由にご参観ください。</u>

参観の形式が第一子の親にもわかるように

どんな行事でも終了時刻の目安を入れる。流動的なら「11：30頃」としてもよい

● 日時　5月17日（水）　9：30～<u>11：30</u>

● 場所　各組保育室・園庭

● 持ち物　上履き（スリッパ等）

● <u>その他　当日はそのまま親子で降園となります。</u>

普段と違うことがあれば必ず入れる

文字ばかりにしない

なお、入園式でもお話ししましたように、今後毎月お配りする絵本の講読《購読》申込書を当日集めたいと思います《集めます》ので、ご希望の方は記入して《ご記入のうえ》忘れずに持ってきて《ご持参》ください。

「～したいと思います」は不要。よくある間違い

また、園生活に関するご質問がありましたら、保育中の担任に変わって《代わって》園長、副園長、主任が聞き《承り》ますので、どうぞご遠慮なく聞いて《お尋ね》ください。

話題が変わるところは改行し、１字下げる

皆さまのお越しを先生《教職員》一同、お待ちいたしております。

自分たちを「先生」と言わない

保育参観の
お知らせ
クラス
だより
プールあそびが
始まります

5

園からの〈おたより〉だから必要なこと

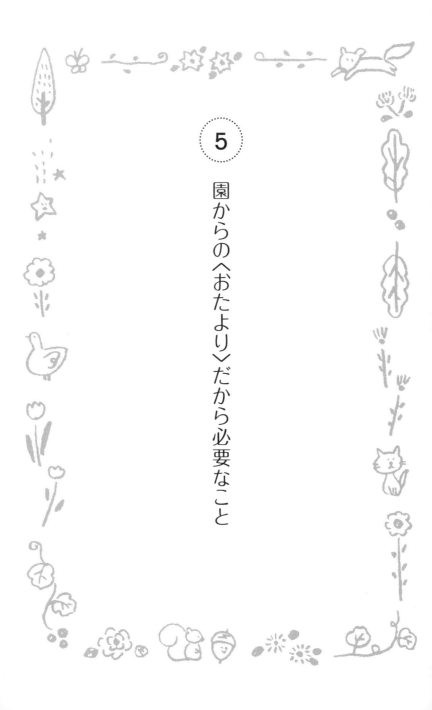

園からの〈おたより〉ならではの注意事項

園から情報を発信する際には、一般の印刷物にはない、押さえるべき大事なポイントがいくつかあります。ここからは、園からの〈おたより〉ならではの注意事項を述べていきます。

第一子の保護者に伝わる書き方になっているか

第一子を初めて入園させた保護者にとっては、園のすべてが未知の世界です。親子それぞれにとっての園のルールをはじめ、園内の間取り・物の保管場所、子ども用に準備するもの、行事の進め方など、何もわかりません。それらを知る手がかりとなるのが、園から配布される〈おたより〉です。ですから、

園からの〈おたより〉は「なんの予備知識もない第一子の保護者が読んで、不足なく理解できるように書かれていること」が肝心です。
たとえば、初めての保育参観日の〈お知らせ〉であれば、第一子の保護者が自宅を出て園の門をくぐるところから、保護者に成り代わってイメージしていくとよいでしょう。そうすると、次のような保護者の思いが想像できるはずです。

・何か持っていくものはあるのかしら?
・受付に行けばいいのかしら?
・スリッパは園のを借りられる?
・保育室で参観するのかしら?
・「○時〜」と書いてあるけれど、何時までなのかしら?
・参観するだけ?　私も何かやらされる?
・お友達の○○ちゃんのママに会えたらご挨拶したいな

・参観中に△△さんから電話があったらどうしよう
・トイレはどこのを使えばいいのかしら？
このように保護者側の心理や行動を想像すると、〈お知らせ〉に書くべき内容が明確になってきます。つまり、
・持ち物：上履き
・受付は特にありませんのでご自由にお入りください
・会場：各組保育室
・○時から○時までの間、ご都合のつく時間でご自由にご参観ください
・お子さまへのお声かけや、保護者の方同士の会話はご遠慮ください
・園内では携帯電話の電源をお切りになるかマナーモードにし、通話はお控えください
・トイレは、園舎東側が女性用、西側が男性用となっております（保育参観に来るのは母親だけとは限らないことに留意）

といった情報を盛り込むと、行き届いた親切な〈お知らせ〉となるだけでなく、保育者側からの要望も嫌味なく盛り込むことができます。ただし、このようにただ箇条書きにしたのでは冷たい印象になってしまいますから、あなたらしいアレンジが必要です。

実際には、毎年作られてきた保育参観のご案内文ですから、ひな型ができていて、一から考える必要はないでしょうが、携帯電話の着信音についてなど、時代に合わせた追加や変更を忘れないでください。

上から目線の書き方になっていないか

普段、子どもと関わっている保育者は、教える立場、指導する立場という状況に慣れているため、〈おたより〉を書くときにもつい、上から目線になりがちです。これは自分では気づかないことかもしれません。

たとえば、「持ち物には必ず記名してください」「牛乳パックを集めますので、○日までにお子さんに持たせてください」などと、愛想のない書き方をしていませんか？　これらは、「脱ぎっぱなしにした靴や、ハンカチなどの落とし物を担任以外が見つけることも多いので、持ち物すべてに記名してくださるようご協力をお願いいたします」「作品展用の廃材集めにご協力いただけると助かります。もし牛乳パックがありましたら、切り開かずに○日までにお子さんにお持たせください」と書くと、印象がかなり違います。「保護者は園に協力して当たり前」ではなくて、「協力していただけるとありがたい」という気持ちで書きましょう。

個人情報の保護に気を配る

84ページでも「情報公開の注意点」に触れました。印刷物は文字に残りますから、保護者の個人情報を印刷物に記載する場合はさらに配慮が必要で、必ず本人の了解を取らなければなりません。了解が得られなければ、載せてはいけないのです。

たとえば、引っ越しで転園する子どもがいる場合、保護者に「クラスだよりで転居先のご住所を皆さんにお知らせしますか？」と希望を聞いてみましょう。交際範囲の広い保護者なら、書いてもらったほうが手間が省けるのでありがたいと考えるかもしれませんし、そうでない保護者なら、親しい人にだけ自分で伝えるので、○○市に引っ越すことだけ書いてほしいと言ってくるかもしれません。

知らせてしまった情報は、後から取り消すことはできません。個人情報の公開は、本人の希望が最優先されます。

〈クラスだより〉に何を載せるか

イベントがないときの〈クラスだより〉は書くことがなくて大変、と言う保育者がいますが、本当にそうでしょうか。保護者が最も期待するのは、子どもの日常の様子がうかがえる内容です。素材はいくらでもあるはずです。場面が目に浮かび、子どもたちの声が聞こえてくるような臨場感あふれる〈クラスだより〉が出せるといいですね。保護者がそこにいるような気分になってくれたら、透明人間になって園をのぞいてみたいという欲求が満たされることになります。さらに、それにプラスして、担任の〝思い〟や〝ねらい〟が書かれていると、単なるレポートではなく保育の中身が伝わるものになっていきます。

〈クラスだより〉は子どもを真ん中に保護者と担任をつなぐもの。伝えたその先に、親子の会話やアクション、保護者と担任の会話が生まれるようなもの

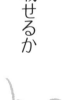

が、素晴らしい〈クラスだより〉だと私は考えています。

担任だけが出せる〝おいしい〟情報

子どもたちが今、どんな遊びで盛り上がっているかを知らせることも立派な情報です。たとえば、《氷鬼という遊びを覚えて、みんなで園庭で走り回っています。助けにきて～と叫ぶ声がなんともかわいいです》などと書けば、「みんな一緒に仲良く遊べているんだな」と感じてもらうことができます。そこに氷鬼のルールも簡単に付け加えておけば、複数の親子で公園で遊ぶときに保護者が「氷鬼をやろうか」と言い出すかもしれません。「どんじゃんけん」なら、《親子二人でも四人でもできます。ご家庭でも一緒に楽しんでみてください》と水を向けてもいいでしょう。

《今、人気の絵本（紙芝居）ベスト3はこれ》というのもいいですね。おうちで「〇〇ちゃん、園で△△という絵本が人気なんだって？　どんなお話なの？」「それはねー」とか「ぼくは□□の絵本のほうが好きだよ」と、親子の会話のきっかけになるかもしれません。さらに、絵本を購入するときや、図書館で借りるときの参考にしてくれるかもしれませんね。

また、個々の成長だけでなく、クラス全体のまとまりに目を向けてもらうことも〈クラスだより〉の大きな目的の一つ。発表会の役決めにまつわるエピソードなど、担任しか知らない情報を紹介し、クラスとしての成長に気づいてもらいましょう。

担任が気になる傾向を知らせる

たとえばプールの季節、水着に着替える際に脱いだ服をたたむシーンがあります。その際、「できなーい」と言う子どもがあまりに多いと感じたなら、〈ク

ラスだより〉で上手に情報を発信して保護者を巻き込むこともできます。《今、園では服をたたむ練習に取り組んでいます。こんな順番でたたんでいきますので、ご家庭でもお子さんと一緒にやってみてくださいね》と書いて、たたみ方順のイラストを入れたらバッチリです。保護者は「うちの子だけできない」という状況は避けたいと思うもの。一生懸命練習させてくれるはずです。ただ、必死になりすぎる保護者もいますので、《最初からうまくはできませんから、ときどきは手を貸してあげて》とか《うまくできなくてもゆっくり見守って、先生にカッコいいところを見せられるといいねというように励ましてあげて》とフォローすれば、なおグッド。

あるいは、「うんち、おしっこ」といった単語をわざと口に出すお年頃がありますね。そんなとき、《そういう言葉を使いたがる年頃です。いずれ言わなくなりますから、過剰に反応しなくても大丈夫です。担任は「先生はそういう汚い言葉は好きじゃないなぁ」と、さらりと受け流すようにしています》という情報を出してあげると、保護者は「なるほど、そういうふうに対応するとよいのか」と、具体的なアドバイスに感謝します。

これらは子どもの発達段階がわかるプロならではの情報です。「少し手伝ってあげれば、服を自分でたためる年齢になっていますよ」「成長のプロセスの一つですから、あまり心配しなくても自然に〝卒業〟していきますよ」と伝えることで、保護者に気づきと知恵を授けることができるのです。

どんな日常を紹介する場合でも、「担任はこういうねらいでこういう保育をしており、子どもたちがこういう成長を見せてくれてとても嬉しい」という伝え方をすると、担任が目標をもって保育をしていることがわかってもらえて、「この先生に預けて安心」という信頼も生まれます。子どもの実態を書くだけではなく、自分の保育をさりげなくアピールすることができるのも、〈クラスだより〉なのですね。

わが子が登場すると喜びも倍増

印刷物は残るものですから、そこにわが子が登場することは保護者にとって非常に嬉しいことです。よく読もうという気になりますし、長く保存しておきたいとも思います。

中には「子どもたちのつぶやきから」といったコーナーを設けて、子どもらしいほほえましい発言、びっくりするほど大人びた発言、みんなが大笑いした愉快な発言、担任が感心した発言などを紹介している〈クラスだより〉もあります。子どもの発言を実名で紹介すると保護者には喜ばれますが、このとき、決して忘れてはならないのは、年間を通してクラス全員の子どもが同じ回数だけ登場するというルールを守ることです。一人だけ掲載するのを忘れたり、特定の子どもだけ何回も登場するようでは公平ではありませんから、一気に信頼をなくします。また、年度の最初の〈クラスだより〉に、《このコーナーでは子どもたちの発言を順次ご紹介していきますので、楽しみにお待ちください》と断り書きを入れておくことも必要です。

全員を同じ回数だけ登場させるよう配慮する時間が取れそうもないと思うなら、実名はやめて、Aくん、B子ちゃんと男女の区別がつくくらいの匿名にしたほうが無難です。

しかし、手軽に、実名同様に保護者に喜ばれる方法があります。それは〈写真だより〉です。年に1回でも2回でも〈写真だより〉を発行する、あるいは通常の〈クラスだより〉を時には「写真版」として発行する、ということを考えてみてはいかがでしょうか。たとえば、手洗い強化月間などを設定していて蛇口のたくさんある手洗い場があるなら、クラスを4つとか6つとかのグループに分け、グループごとに手を洗っているところを撮影します。4枚や6枚の写真を1枚の紙に貼り付けてコピーすれば、パソコンを使わなくてもOKです。モノクロコピーで十分。子どもたちのにこにこ楽しそうな表情を見れば、保護者は安心し、さらに、園では今、手洗いの習慣をつけようとしているという情報も伝わって、家庭でも実践してくれるはず。ただし、この場合も、全員が必ず写っていることが大前提です。欠席者がいる日は撮影を避けなければなりません。手洗いに限らず、初めてはさみを使った姿、縦割り保育で小さい子と一緒に工作をしている姿など、いくらでも応用できます。

最近は印刷物にとどまらず、保育の様子を〈動画〉に撮って配信する園も出てきました。〈写真だより〉も〈動画〉も、保育の〝見える化〟にひと役買うツールです。〈動画〉の場合も一人残さず映し、特定の子どもばかり長時間映ることのないよう注意してくださいね。

担任情報を小出しに

〈クラスだより〉は、基本的には子どもの日常を保護者に伝えると喜ばれるものですが、私はちょっぴり担任情報を載せるのも悪くないと思っています。保護者は、うちの子を預けている担任はどういう人なのかということに関心をもっています。相手を知ると、安心できるからですね。

担任情報といっても、細かい経歴を知らせよと言っているのではありません。たとえば、4月の〈クラスだより〉に《私が保育者になりたいと思ったのは、自分が幼い頃、園の担任の先生がとても優しくて一緒にいて安心したという記憶があるからです。私もそういう担任になれるよう努力していきますので、1年間よろしくお願いします》とか、クラスで人気の絵本を紹介するときに、《小さい頃、〇〇という絵本が大好きで、今も手元に残しています。子どもたちも長く大事にしたいお気に入りの絵本に出会えるよう、たくさん読み聞

かせをしていきたいと思っています》というように、あなたの人柄が伝わるような情報を、たまに入れてみるのはいかがでしょうか。お正月明けなら、《楽しいお正月を過ごされたことと思います。私は久しぶりに仙台の実家に帰省しました》などと書けば、「先生、私の実家も東北なんですよ」と声をかけてくれる保護者がいるかもしれません。担任情報は、保護者との会話のきっかけづくりにも役立ちます。

保護者に伝わる〈お知らせ〉の出し方

あなたはこれまで、〈お知らせ〉〈お願い〉〈ご案内〉といったタイトルだけの印刷物を作ったことはありませんか？　あるいは、〈クラスだより〉の中で「お知らせ」「お願い」といった小見出しを使ったことはありませんか？

中身がわかるタイトルを付ける

私もここまでの文章で便宜上〈お知らせ〉という表現を何度も使ってきました。でも実際には、こういった中身の見えないタイトルや小見出しはＮＧです。正しいのは、「遠足のお知らせ」「工作材料集めのお願い」「夏祭りのご案内」など、一目で中身がわかるタイトルや小見出しです。前の章のワークをやってくださった方なら、理解していただけているはずですね。

〈お知らせ〉を出してあるのに、「もらっていないような気がする」「なくしてしまったようだ」と言ってくる保護者がいるのは、タイトルがいつも同じで記憶に残らないからです。タイトルが具体的だと、記憶に残って「そういえば読んだ（もらった）かも」と思い出すので、まずは家の中を探そうと考えるものですし、探すにも目当てがはっきりしているので探しやすいですよね。発信者のほうも、あの〈お知らせ〉は出したっけ？と悩むことがなくなるでしょう。

発信のタイミングが大事

もう一つ大事なのは、いつ発信するかというタイミングです。保護者に用件を伝えるのに、あまりに早すぎるタイミングで〈お知らせ〉を出すと、忘れ去

られてしまいます。一方、あまりにギリギリでは、「情報を待っているのに、どうしてこんなに遅いの？」と保護者をイライラさせてしまいます。年間の行事予定表なら、年度の初日に発信するべきですし、4月の行事に限っては在園児の保護者なら前年度の3月に、新入園児の保護者なら入園説明会などの機会を利用して事前に伝えると喜ばれます。行事の開催日は前の月の〈園だより〉や〈クラスだより〉で予告し、それぞれの行事の詳細案内は、目安として3週間前〜半月前くらいに出すのが適当でしょう。

また、伝える内容や伝える相手によっては、発信のタイミングを早めたり、印刷物以外での連絡方法と組み合わせて考えていかなければならないケースもあります。

保育園の保護者に、できれば仕事を休んで参加してもらいたい行事があれば、4月に出す年間予定表とは別に、日程の連絡は少なくとも1か月前にはしなくてはなりません。自分の都合で休暇を決めることのできない、シフトを組んで仕事をしている職種の保護者は、1か月前の連絡でも遅いことがありますから、日程が決まり次第、個別に口頭で先に伝えるくらいの配慮が必要です。内容は後回しで、日付と時間帯だけでかまいません。仕事が忙しい保護者にとっては、どうしても休暇を取れない場合でも、自分の代わりに参加してくれる祖父母の予定を押さえるためにも、早めに知らせてもらえるとありがたいものです。

幼稚園年少組の初めての遠足に合わせて、一人用のシートや水筒を購入しようと考えている保護者にとって、遠足の案内が半月前だったら慌ただしい思いをします。こういう場合は、詳細案内を発信するより前に、たとえば前の月の〈クラスだより〉の欄外などを利用して、《来月の遠足では、一人用シート、お弁当箱、水筒が必要になりますので、ご準備をお願いいたします》と告知すれば親切ですね。持ち物についてだけ、先に一斉連絡メールを流すという手もあります。園がもっているさまざまな連絡ツールを組み合わせて、喜ばれるタイミングで情報を発信してください。

工作の材料集めで協力を仰ぎたいときは、1~2か月前に第一報を発信するのが得策です。《○月第○週に集めますので、お取り置きください》と事前の告知をしておくのです。ラップ・トイレットペーパー・セロハンテープの芯や、空き箱、お菓子の空き缶などはすぐには用意できないことが多く、でも協力したいと考えるのが親心ですから、その気持ちを汲んであげてください。特にラップの芯は、使い切ったときにしか出せないものですから、「もう少し早く言ってくれれば取っておいたのに」という声がよく聞こえてきます。

いつもと違うことに気づかせる工夫を

よく読めば間違えないはずのことでも、それがいつもと違うことであるなら、保護者の注意を引くような書き方が必要です。たとえば、

・通常の水曜日は午前保育の幼稚園だけれど、その日は発表会のリハーサルをするためお弁当を持たせてほしい

・子どもの引き取り訓練の際は、そのまま親子で帰宅となるので、その日は預かり保育は実施しない

・遠足のときのお迎え場所は例年だと駅前広場だけれど、今年は工事中のため○○に変更する

などの連絡事項がある場合は、その部分を太字にしたり、囲んで大きなびっくりマークを付けたり、吹き出しに《ご注意を!》と書いたりして、見逃さないように目立たせましょう。

これも忘れないで！

〈おたより〉作りでたくさん注文を述べてきましたが、最後にあと三つだけ、覚えておいてほしいことがあります。

子どもの名前をミスしたら、再発行する

〈クラスだより〉でも行事の〈お知らせ〉でも、クラスの子どもの名前を書くことはよくありますね。そんなとき、子どもの名前を間違えて書いたり、書き忘れたりしないようぜひ見直しをしてください。何度も言うように印刷物は残るものですから、わが子の名前が間違っていたり抜けていたりしたら、わが子第一の保護者はがっかりを通り越して怒りすら覚えます。万が一そういうミ

スを犯したら、心をこめて謝り、本人の分だけでかまいませんから、正しく修正したものを再発行して渡してください。間違ったままのものを手元に置くことは保護者にとって耐えがたいことです。そして、本人以外の保護者にも「〇〇ちゃんの名前が間違って（抜けて）いました。申し訳ありません。心よりお詫び申し上げます」と、なんらかの方法で伝えましょう。ミスしてしまったら、すぐに訂正することで誠意を見せなくてはなりません。

引用文には出典を明記する

本や新聞に載っていた文章や、研修会の講師などに教わった内容を引用したら、必ず出典（何に載っていた誰の文章か、何の研修会で誰に教わったか）を明記しましょう。あなた自身の言葉でないとしても、「この先生、いろいろ勉強していて偉いな」と思ってもらえます。逆に、あたかも自分の言葉のように書くと、著作権法に違反することもあります。引用するときは、引用の部分をカギカッコに入れて一字一句違わずに書くよう注意してください。

問い合わせを受けたら、今後に活かす

一生懸命気を配って書いたつもりの文章でも、保護者から「ちょっとよくわからなかったのですが」「この点はどうなりますか？」と問い合わせを受けることがあるかもしれません。まずはていねいに答えてあげてくださいね。そして、どの部分がわかりにくかったのか、付け加えるべき内容があったのかを考えてください。こうすればよかったなと気づく点があったなら、忘れずにメモしましょう。そのメモは、次に活かすべき内容です。保護者から教えられた事柄を今後に活かしていけば、あなたが作る〈おたより〉はどんどんグレードアップして、きっと、コミュニケーション上手な保育者として信頼されますよ。

6

保育のプロであるあなたへ

保護者にどのように向き合っていくとよいか、どうすれば保護者から信頼を得られるか、イメージが出来上がってきたでしょうか。私は一貫して、「保護者はこう思っています」「こうしてほしいと願っています」と、保護者の気持ちを解説する立場から述べてきました。そのため、保育者の皆さんへの要望が多くなりましたが、決して誤解してほしくないことがあります。

それは、保護者をお客様だと思って気を遣ってほしいと言っているのではない、ということです。では、どういう存在だと思えばよいのでしょうか。

アンテナパーソンと思えば大事な存在

クラスには、うるさいことを言ってくる保護者もいて、あなたの前向きな気持ちが折れてしまいそうになることもあるかもしれません。そんなときは、

ちょっと見方を変えてみましょう。

ずいぶん前のことになりますが、私が大学を卒業して入社した出版社で、上司から教えられて、しっかり記憶に残った数字があります。それは、「声を挙げてくれる人はわずか3％くらい。せっかく届けてくれた声なのだから、大事にしなければ」というものでした。たとえば雑誌を例にとると、読者のページ（投稿欄）に感想や意見を投稿してくる人の数や、プレゼント企画に応募してくる人の数は読者全体の約3％に相当するという話だったのです。今は手軽なネット全盛の時代ですから、もう少し高い数字かもしれません。

「声を挙げる人」というのは、行動を起こす人と言い換えてよいと思いますが、この数字を園の保護者に当てはめてみると、なにやら不思議な共通点があるような気がしませんか？　担任に対して、直接あるいは電話などで「声を挙げる人」、すなわち注文をつけてきたり文句を言ってきたりする保護者は、25～30人に一人くらいの割合ではないでしょうか。そう、ちょうど3～4％に相

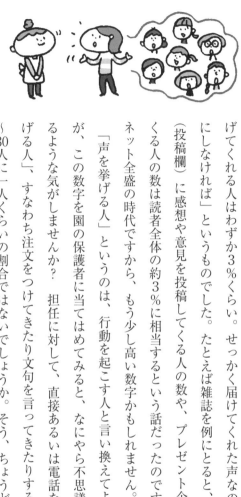

当するのですよね。

この3％の保護者を、うるさい人と思わずに、沈黙している残りの97％の保護者を代表して声を挙げてくれた人、と捉えるのはどうでしょう？　いわば、アンテナショップならぬアンテナパーソンという捉え方です。言いたいことを言えずにいるかもしれない大多数の保護者たちの代弁者、代表者だと思えば、貴重な、耳を傾けるべきありがたい存在ということになります。この保護者代表と上手にコミュニケーションをとり、信頼を勝ち取ることができれば、クラス全体の保護者を味方につけたも同然です。

保護者に苦手意識をもっている人も、ちょっとした発想の転換で、その意識をぬぐい去ってほしいと思います。保護者との関わりを恐れず、保護者の気持ちへの共感を忘れなければ、きっとよい関係が築けるでしょう。

友達になってはいけない

ただし、忘れてはならないことがあります。保護者とよい関係を築くことは大事なことですが、保護者は友達になる相手ではありません。少数ですが、保護者から〝ちゃん付け〟で呼ばれて、仲良くなれたと喜んでいる保育者や、家をリフォームしたので見に来てと保護者に誘われ、プライベートタイムに訪問した保育者の話を耳にしたことがあります。でも、これらはNGです。

あなたは、仮に保育経験が浅いとしても、保育のプロとして保護者と向き合わなければなりません。友達ではないのですから、なれなれしい言葉遣いで接したり、特定の保護者と親しくなりすぎたりすることなく、よい意味で一線を画してお付き合いをする必要があります。話しやすい保護者や、信頼できる保護者もいらっしゃると思いますが、ほどよい距離感を見つけてください。

保護者と保育者は車の両輪

保護者と保育者は、子どもの健全な育ちを支え合うパートナーです。言ってみれば、保護者と保育者は車の両輪。お互いに信頼し合っていなければ、車はガタついてまっすぐ進みません。また、時には子育て初心者マークの保護者や、自分の運転技術をなぜか過信している保護者が、間違った方向にハンドルを切りそうになることもあるかもしれません。そんなときは保育のプロであるあなたが、方向を修正するべく保護者に手を貸してあげてください。

保育者というのは本当に誇りをもてる仕事ですね。人が育っていく最初の段階に関わっていく仕事なのですから。皆さんは保育のプロとして、子どもの発達の道筋を学び、子どもとの関わりから多くのことに気づき、それが育ちにつながるよう、日々努力をされていることでしょう。たくさんの子どもたちの、さまざまな成長の形を日々ていねいに見守っているあなただからこそ、わが子の育ちしか知らない保護者に適切なアドバイスができるのです。ことに第一子の保護者であれば、わが子の今日までのことしか知らず、この先を見通すこともできませんから、プロとして伝えてあげられることはいろいろあるはずです。

保護者と保育者は協働する相手です。お互いの気持ちをうまく伝え合い、理解し合えるよう、コミュニケーションを大事にしてほしいと思います。

あなたが、保護者を理解しよう、共感して協力していこうと考えるとき、その気持ちが相手に伝わって、「頼りがいのある先生だ」と信頼されるようになります。

がんばって！　応援しています。

西東桂子（さいとうけいこ）
教育ジャーナリスト・編集者
出版社・新聞社勤務、月刊『幼稚園ママ』（朝日新聞社出版局）編集長を経て、1998年に独立。現在、月刊『あんふぁん』（サンケイリビング新聞社）巻頭特集監修者、文芸社えほん大賞選考委員、公益財団法人東京都私学財団評議員を務める。私立幼稚園での“保育実習”を2000年度から続けており、幼稚園・保育園・小学校の保護者や保育者に向けて講演活動も多数。著書・監修書に『まるわかり幼稚園ライフ――子育て・子育ち・先生・お友達・ママ友のこと』（ポット出版）、『ママ友おつきあいマナードリル』（主婦の友社）がある。

カバー・本文イラスト／北村友紀
ブックデザイン／中嶋香織
本文DTP ／株式会社エディポック
本文校正／有限会社くすのき舎
編集／石山哲郎　西岡育子

保護者の心をつかむ
保育コミュニケーション力《りょく》

2016年6月　初版第1刷発行

著者／西東桂子

発行人／浅香俊二
発行所／株式会社チャイルド本社
〒112-8512 東京都文京区小石川5-24-21
電話／03-3813-2141（営業）　03-3813-9445（編集）
振替／00100-4-38410
印刷・製本／図書印刷株式会社

ISBN978-4-8054-0250-4 NDC376 19×13cm 144P